KB152394

FINISH
WHAT YOU
START

누구에게나 계획은 있다

초판 1쇄 발행 2023년 11월 10일

지은이 피터 홀린스 / **옮긴이** 솝희

펴낸이 조기흠
책임편집 이지은 / **기획편집** 박의성, 유지윤, 전세정
마케팅 정재훈, 박태규, 홍태형, 김선영, 임은희, 김예인 / **제작** 박성우, 김정우
디자인 필요한 디자인

펴낸곳 한빛비즈(주) / **주소** 서울시 서대문구 연희로2길 62 4층
전화 02-325-5506 / **팩스** 02-326-1566
등록 2008년 1월 14일 제 25100-2017-000062호

ISBN 979-11-5784-710-5 13320

이 책에 대한 의견이나 오탈자 및 잘못된 내용에 대한 수정 정보는 한빛비즈의 홈페이지나
이메일(hanbitbiz@hanbit.co.kr)로 알려주십시오. 잘못된 책은 구입하신 서점에서 교환해드립니다.
책값은 뒤표지에 표시되어 있습니다.

⌂ hanbitbiz.com 🅕 facebook.com/hanbitbiz 🅝 post.naver.com/hanbit_biz
▶ youtube.com/한빛비즈 🅞 instagram.com/hanbitbiz

지금 하지 않으면 할 수 없는 일이 있습니다.
책으로 펴내고 싶은 아이디어나 원고를 메일(hanbitbiz@hanbit.co.kr)로 보내주세요.
한빛비즈는 여러분의 소중한 경험과 지식을 기다리고 있습니다.

FINISH

미루는 습관 끊어내는 끝까지 해내기의 기술

누구에게나 계획은 있다

피터 홀린스 지음

솝희 옮김

WHAT YOU START

ⒽⒷ 한빛비즈
Hanbit Biz, Inc.

목차

서문
미루거나 혹은 완수하거나

"시작한 일을 끝까지 해낸다."

이게 과연 무슨 뜻일까?

많이 들어는 봤겠지만, 이 말의 정확한 의미를 알고 있는 사람은 드물다. 나에게 시작한 일을 끝까지 해낸다는 것은 '의지를 실현한다'는 뜻이다. 우리는 툭하면 뭔가 할 거라고 말한다. 그리고 운이 좋으면 어느 주말, 정말 실행에 나설지도 모른다. 하지만 힘들거나, 피곤하거나, 지루하거나, 혹은 바쁘거나 하는 상황이 찾아오면 금세 모든 걸 너무 쉽게 포기하고 차고(정신적이거나 비유적인 의미일 수도 있고, 진짜 차고일 수도 있다)에 영원히 쑤셔 박아놓는다.

시작한 일을 끝낸다는 말은 그 흔한 악순환의 고리를 끊고 인생의 주도권을 잡는다는 의미다.

내가 시작한 것을 끝낸 과정은 순조롭지 못했다. 어느 여름, 나는 나무를 깎아서 길이 30센티미터, 폭 8센티미터가량 되는 카누 모형을 만들기로 결심했다. 아주 큰 사이즈는 아니었지만, 목공 경험이 없는 사람에게는 꽤 어려운 도전이었다. 첫 번째 주에는 실수로 나무토막을 움푹 파버렸다. 두 번째 주에는 손이 아팠고, 새로운 〈스타워즈〉 시리즈가 개봉했다. 셋째 주에는 〈스타워즈〉 시리즈를 다시 보느라 바빠서 작업을 자꾸 미뤘다.

나의 카누는 완성되지 못할 운명이었다.

하지만 차를 타기 위해 차고에 들어갈 때마다 구석에 처박혀 있던 카누가 나의 게으름과 무능력의 증거가 되어 나를 괴롭혔다. 그리고 그러한 괴로움은 몇 번의 여름을 넘겨 결국 완성할 때까지 계속됐다.

당신은 어떤 일이 일어났었는지 짐작할 수 있을 것이다.

첫째 주는 아주 순조로웠고, 둘째 주까지만 해도 그럭저럭 괜찮았지만, 셋째 주부터 이미 내 기세는 꺾이고 있었다.

다행히 나는 얼마 지나지 않아 '유혹 묶기temptation bundling'에 대해 배웠고, 덕분에 카누를 완성할 수 있게 되었다. 유혹 묶기는 이 책에 등장하는 중요한 주제로, 간략히 설명하자면 '반드시 해야 하지만 원하지 않는 과제를 즉각적인 보상과 결합하는 것'을 말한다. 자신에게 뇌물을 주어 열심히 일하게 만들 수 있다면, 갑자기 당신이 시작한 일을 끝내는 데 엄청난 의지는 필요 없게 된다. 어떤 즐거운 일을 추구하는 것이니까. (연결만 잘 시킨다면 말이다!)

내가 카누 만들기와 묶었던 보상은 (요즘에는 거의 듣지 않지만) 내가 좋아하는 음악 앨범을 감상하는 것이었다. 좋아하는 앨범을 처음부터 끝까지 방해 없이 들어본 때가 언제였던가? 갑자기 새로운 세계가 열렸다.

내키지 않는 불쾌한 과제를 내가 좋아하는 것과 짝지어 충분히 유쾌한 일로 만들게 되면 그게 무슨 일이라도 해낼 수 있을 것이다. 바로 이런 작은 깨달음 덕분에 나는 뇌의 본능적 저항을 극복하고 완수와 수행의 과학을 탐구하게 되었다. 어떻게 하면 최악의 본능을 피하고 마감의 압박 없이 원하는 시점에 일을 마칠 수 있을까? 어떻게 하면 극도로 불편한 감정을 견디면서 관심사에 계속 집중하고 어려운 일을 마침내 해낼 수 있을까?

나는 스스로 어떤 맥락에서든 보편적으로 적용할 수 있는 멋진 체계를 생각해냈다고 믿고 싶다. 이 책에는 많은 전략이 등장한다. 내가 모든 전략을 항상 사용하는 것은 아니지만, 대부분의 사람에게 대체로 효과가 있을 것이다.

늘 그렇듯 나는 이 책을 나를 위해 썼지만 내가 알게 된 것들을 다른 사람들과 나눌 수 있어서 자랑스럽고 기쁘게 생각한다. 이 책이 당신이 원하는 바를 성취하는 데 도움이 되었으면 좋겠다. 적어도 당신이 제일 좋아하는 앨범을 가끔 들을 수 있게 된다면, 그 자체로 얼마나 좋은가!

1장.

그만 생각하고 일단 실행하라

FINISH
WHAT YOU START

생각이야 수백 번도 더 했다.

에스더는 지난 6년간 승진 가망도 없는 회사일에 파묻혀 지내며 지루한 서류 작업도, 보채는 상사도, 두 살짜리 아들을 어린이집에 맡길 필요도 없는 삶을 꿈꿔왔다. 가족들을 먹여 살리기 위해 돈을 벌어야 하는 상황에서 이 상상을 어떻게 현실로 만들 수 있을까? 에스더에게는 답이 있었다.

'집에서 베이킹 사업을 시작해볼까?'

처음에는 상상일 뿐이었다. 그저 힘든 직장 생활을 버틸 수 있게 해주는 백일몽 같은 것 말이다. 그러던 어느 날, 뭔가 다른 기분이 들었다. 웬일인지 실행하려는 결심이 섰다. 어쨌든 에스더는 베이킹에 진정한 열의를 가지고 있었다. 오랫동안 그녀는 친구들에게 케이크나 쿠키를 구워줬고, 그녀의 쿠키를 먹어본 친구들은 하나같이 그녀가 베이킹 사업을 해야한다며 칭찬하기도 했으니 어쩌면 그렇게 허황한 생각은 아니지 않을까?

베이킹 사업을 위한 에스더의 계획은 그렇게 시작됐다. 직장을 바로 그만두진 않았다. 우선 2주 동안 휴가를 내고 사정을 살피기로 했다. 그녀는 먼저 '조사'가 필요하다고 생각했다. 준비와 계획은 철저할수록 더 좋으니까. 실행에 옮기기 전에 베이킹 사업과 관련된 모든 사항을 숙지할 것이다. 그녀는 레시피부터 재정 관리까지 사업을 시작할 때 알아야 할 모든 것을 찾아볼 참이었고, 친구들과 동네 이웃을 대상으로 시장 조사를 할 계획도 세웠다. 머릿속에서 모두 구체적인 형태를 갖추기 시작했다.

하지만 안타깝게도 에스더의 머릿속에 떠오른 구체적인 모습은 도무지 실현되지 못했다.

베이킹 사업을 시작하고 운영하는 전반적인 사항을 모두

조사한다는 계획은 에스더에게 큰 부담이 되었고, 결국 특정한 방향으로 구체적인 행동을 취하지 못하는 교착 상태에 빠지고 말았다. 세금, 사업 신고, 임대라니? 그냥 빵을 만들고 싶었을 뿐이었는데!

휴가가 시작됐고, 그녀는 곧 모든 일이 처음 계획과는 다르게 흘러간다는 걸 깨달았다. 내내 늦잠을 자고, 아이를 돌보거나 집안일 '프로젝트'를 하느라 정신없이 시간을 보냈다.

친구, 이웃과 만나면서도 시장 조사를 위한 설문 따위는 하지 않았다. 베이킹 사업을 시작하려 한다고 하면 사람들이 뭐라고 할지 너무 걱정됐다. 어쩌면 사업까지 할 정도의 실력은 아니라고 생각하거나, 그녀가 망할 거라고 예상할지도 몰랐다. 성공할 거라고 기대하는 건 더 부담스러웠다. 이런저런 걱정들로 에스더의 머리는 터질 것 같았다.

그렇게 2주가 흘렀고, 그녀가 휴가 중에 했던 일은 말 그대로 휴가를 '보내는' 것이었다. 그녀가 일에 복귀하자 베이킹 사업에 대한 생각이 다시 꿈틀거렸다. 계획이라기보다 차라리 공상에 가까웠다. 그녀는 앞으로도 매번 그런 식이 될 것 같은 기분이 들었다.

완수란 무엇인가?

●

에스더의 상황에서 무엇이 잘못됐을까? 집중력이 부족했던 걸까? 아니면 자제력? 실천력? 끈기?

방금 언급한 모든 것이 부족하다고 생각했다면, 그것은 하나의 개념으로 귀결된다. 바로 '완수following through'다.

완수는 집중력, 자제력, 실천력, 끈기 등과 관련이 있지만 그 어느 것의 동의어도 될 수 없다. 오히려 이 모두를 포함하고 있는 개념으로, 마치 애니메이션(예를 들면 〈파워레인저〉나 〈미래 용사 볼트론〉 같은) 속에서 작은 로봇들이 합체하여 큰 로봇으로 변신하는 것과 비슷하다. 작은 로봇들이 큰 로봇의 몸체를 구성하는 것과 매우 유사하게 집중력과 자제력, 실천력, 끈기, 이 네 가지 요소가 서로 결합해 완수가 가능해진다.

머리: 집중력

완수를 위해서는 집중력이 필요하다. 집중력은 목표에 시선을 고정하게 해주기 때문에 로봇의 머리가 하는 일과 유사한 역할을 한다.

집중력은 당신이 얻고자 하는 바를 위해 행동의 방향을 결정하도록 이끈다. 무작정 노력한다고 완수할 수 있는 것이 아니다. 하나의 목표에 집중해서 노력해야 한다. 집중한다면 쓸데없는 노력을 하지 않게 된다. 그리고 목표를 향해 곧장 나아갈 수 있는 단일한 시각이 생긴다.

에스더의 경우, 사업을 시작하는 자신의 꿈에 집중했다면 여가 시간을 충분히 활용하고 꿈을 실현하는 방향으로 일정을 관리했을 것이다.

척추: 자제력

완수하는 과정에서 척추와 같은 역할을 하는 자제력은 필요한 순간에 묵묵히 버티며 노력하게 해준다. 자신을 통제하는 능력인 자제력은 유혹과 방해에도 불구하고 당신이 완수해야 하는 일에 계속 집중하게 해준다.

자제력은 자신에게 의미 있는 결말로 나아가는 생각, 감정, 행동을 조절하는 힘이기 때문에 완수의 핵심이다. 자제력이 없다면 하려는 일을 끝마칠 때까지 꾸준히 노력할 수 없게 된다. 따라서 자제력은 완수에서 가장 중요하다.

머리가 척추로 이어지듯 집중력은 자제력으로 연결된다. 당신이 해야 하는 일에 집중할 수 있으면 자연스럽게 자제력이 생긴다. 마찬가지로 당신이 자제력을 갖추고 있다면 해야 하는 일에 집중하고 방해 요소를 피하기가 더 쉬워질 것이다. 자제력은 척추처럼 당신을 곧추세워 무너지지 않게 해준다.

만약 에스더에게 충분한 자제력이 있었다면 여가 시간을 전부 쉬면서 보내지 않도록 스스로를 제어했을 것이다. 밀린 잠을 자거나 사랑하는 사람들과 시간을 보내는 것이 잘못됐다고 할 수 없지만, 매일 그렇게 시간을 보내며 생산적인 일은 하지 않는다면 균형이 깨진다.

한가로운 여가 시간도 인생에서 중요한 부분이다. 하지만 그것이 지나쳐서 합리적인 생산 활동을 방해한다면 해가 된다.

손과 발: 실천력

완수에 있어서 손과 발의 역할을 하는 실천력은 실행과 간단한 행동을 우선시한다. 실천력은 완수를 단지 집중하고 자제하는 것 이상으로 만든다.

완수는 의도가 행동으로 바뀌는 것이다. 무언가를 실현해 당신의 위치를 A에서 B로, 그러니까 지금 있는 곳에서 목표가 실현된 지점으로 옮겨주는 것이 바로 실천력이다.

완수를 직접 보여주는 실천은 실제로 관찰과 측정이 가능하기 때문에 목표를 기준으로 평가할 수 있다. 따라서 당신의 계획을 실행하고 목표를 실현하는 데 있어서 필수적이다. 실천하지 않는다면, 계획은 추상적이고 목표는 꿈에 그치기 때문이다.

에스더가 계획의 첫 단계인 조사만이라도 실천했다면, 마음에 품었던 베이킹 사업의 꿈이 실현되는 방향으로 반 발짝이나마 나아갔을 것이다.

심장: 끈기

마지막으로 완수의 심장은 끈기다. 끈기는 당신을 방해

하는 상황을 마주칠 때조차 아주 오랜 시간을 끈질기게 버티게 하는 '기세'이다. 그리고 장애물 앞에서조차 실행을 그만두지 않는 완고함이기도 하다.

시작하는 것만으로는 충분하지 않다. 마침내 끝마칠 때까지 참고 견뎌야 한다. 완수는 장애물, 주의산만, 좌절 앞에서도 밀어붙일 수 있는 능력을 갖춘 심장을 갖는 것이다.

인생에는 단기적 목표만 있는 것이 아니다. 핵심은 장기적 목표다. 당신의 심장이 장거리를 버틸 능력이 되지 않는다면 스스로 중단하고 결승전에 닿기 전에 포기하게 될 것이다.

에스더에게는 꿈을 끝까지 놓지 않는 끈기가 있었을까? 에스더의 경우는 질문 자체가 성립하지 않는 것 같다. 사실 끈기의 문제는 몇몇 장애물을 만날 때까지 충분히 행동에 옮기고 있을 때에야 언급할 수 있기 때문이다. 시작하기도 전에 멈춘 상황에서 끈기는 고려의 대상조차 되지 않는다.

개별적으로 존재했던 집중력, 자제력, 실천력, 그리고 끈기가 하나로 합체하면 당신은 시작한 것을 끝내는 슈퍼 로봇으로 변신한다. 집중력, 자제력, 실천력, 끈기를 하나로 모으고, 그 결과 꿈이 현실로 바뀌는 것을 볼 수 있다면 우리는 기쁘고 만족스러울 것이다.

  하지만 완수가 그렇게 멋진 경험이라면, 왜 우리는 늘 그
것에 실패할까? 간단히 답하자면 어렵기 때문이고, 이유를 덧
붙여 길게 답하자면 다음과 같다.

우리는 왜
끝마치지 '않는가?'
●

우리가 바라는 것, 해야 하는 것, 혹은 다른 사람이 해야 하는 것을 생각하는 부분에서 우리는 대체로 전문가다. 생각은 거침이 없고, 머릿속 청사진은 큰 노력 없이도 마법처럼 펼쳐지며, 우리 꿈속에 있는 이미지는 "치즈!"라고 외칠 새도 없이 선명한 사진이 된다.

하지만 실제로 즉시 일에 착수하고 실천을 통해 완수를 향해 가는 과정에서 우리는 아마추어일 뿐만 아니라 의욕 없는 참가자가 된다. 그런 우리는 그 일에 필요한 집중력, 자제력, 실천력, 그리고 끈기를 발휘할 수 없게 된다.

우리는 가끔 머리나 척추가 없는 상태로 전투에 임한다. 손과 발, 혹은 심장 없이 나설 때도 있다. 그냥 필요할 때 그것들을 소환해서 합체할 수 있다고 생각하는 것이다.
하지만 전쟁터에 도착하면, 결국 우리가 생각했던 것만큼 쉽지 않다는 사실을 깨닫는다. 꿈을 실현하기 위해, 계획을 일상에 적용하기 위해 얼마나 힘든 일을 해야 하는지 깨닫자마자, 꿈과 계획은 흥분, 그리고 열정과 함께 연기처럼 사라진다.

완수하지 못하는 이유는 능력이 부족하거나 머리가 나빠서가 절대로 아니다. 우리가 완수하지 못하는 이유는 크게 두가지다. 하나는

제약이 있는 전략

을 쓰기 때문이고 또 다른 하나는 우리가 시작한 것을 끝내지 못하게 방해하는

심리적 장애물

때문인데, 둘 중 하나만 작동할 때도 있고 둘 다 작동할 때도 있다. 이제 각각을 차례로 설명할 것이다.

제약이 있는 전략

●

제약이 있는 전략은 우리가 시간과 노력을 제대로 사용하지 못하도록 계획을 짜서 그 결과 일을 완수하지 못하게 만든다. 이것은 우리가 스스로를 방해하는 방식이며 때로는 의식적으로 이루어진다.

이런 전략에는

① 적절하지 않은 목표 세우기
② 미루기
③ 유혹과 방해에 넘어가기
④ 형편없는 시간 관리

가 있으며, 생산적인 결과를 위해 우리가 가진 시간과 에너지를 극대화하는 것을 막는다.

① 적절하지 않은 목표 세우기

적절하지 않은 목표 세우기는 스스로 완수를 방해하는 방식 중 하나다. 지나치게 추상적이거나 명백하게 불가능해 보이는 것들이 여기에 해당한다. 이것은 마치 형편없는 지도를 가지고 여행을 떠나는 것과 마찬가지로, 우리는 왜곡되고 혼란스러운 방향 때문에 완수 과정에서 길을 잃게 된다. 결국 여정을 계속할 수 있는 인내심과 의지가 바닥나고 종종 도중에 포기하게 된다.

목표가 지나치게 추상적이면 도달하기 위해 무엇을 해야 하는지 알 수 없다. 예를 들어, 더 건강해지는 것을 목표로 하면서 "더 건강하다"는 말의 의미를 구체화하지 않는다면, 그 목표를 달성하기 위해 필요한 행동을 취할 가능성은 더욱 낮아진다.

우리는 완수하길 바라지만 방법을 모른다.

우리가 (보통의 인간으로서는 달성하기 힘든) 너무 높거나 비현실적인 목표를 세운다면, 디딜 발판이 없는 높은 사다리를 쳐다보고 있는 꼴이나 마찬가지다. 이런 상황이 달콤한 이유는 애초에 디딜 곳이 없었으므로 누구도 우리가 오르기 위해 충분히 노력하지 않았다고 비판할 수 없기 때문이다. 그럼으로써 완수하지 않았다는 잘못을 면제받는다. 예를 들면, 현실적인 실행 한계를 무시하고 제조 생산량의 목표를 두 배로 잡는 공장 관리자 같은 경우가 여기에 해당할 것이다.

어쨌든, 달성하기 어려운 목표이기 때문에 과정을 완수하거나 말거나 결과에는 차이가 없다. 따라서 완수해야 하는 수고를 들이지 않아도 되고, 노력하지 않았다는 죄책감에서 우리를 지켜줄 수도 있다.

② 미루기

미루기는 가장 널리 언급되는 전략 중 하나일 것이다. 우리는 나름대로 미루는 데 소질이 있다. 더는 미룰 수 없는 마지막 순간까지!

미루는 일에 얼마나 소질이 있는지, 다른 사람들에게 그리고 심지어 자신에게도 이미 진행 중이라고 자신 있게 말한다. 그렇지 않을 때도 말이다. 우리는 끝없이 계획만 세우면서 무언가를 미루기도 한다. 우리는 아주 세세한 사항 전부를 계획하고, 계획을 다 세우면 그것을 수정하거나 폐기하기로 결정한다. 그리고 새로운 과제를 위해 다시 반복해서 계획을 세운다. 끊임없이 계획을 세우는 행동이 미루기의 한 형태라는 사실은 쉽게 잊는다.

이런 행동을 가장 잘 표현하는 말이 '생산적인 미루기'이다. 마치 어떤 목표를 향해 나아가고 있는 기분이 들지만, 실은 제자리를 맴돌 뿐이다.

우리는 당장 일을 미룰 수 있으면 그렇게 하는 경향이 있다. 그게 쉽고, 마음 편하며, 스트레스를 받지 않기 때문이다. 이것이 많은 성공할 뻔한 이야기가 그러다가 만 이야기로 끝나는 방식이다. 끊임없이 이어지는 '나중에'의 함정에 빠져 '절대' 끝내지 못한다.

③ 유혹과 방해에 굴복하기

만약 완수의 길이 양쪽 벽에 아무것도 걸려 있지 않은 복도와 같다면 완수를 향해 나아가는 데 어려움이 없을 것이다. 다른 선택의 여지가 없다면 묵묵히 일하고, 일하고, 일하리라. 하지만 천만의 말씀. 완수의 길에는 우리에게 쉬어가라고 유혹하는 화려하고 반짝이는 간판들이 즐비하다.

오늘날은 결국에 우리를 휴대전화에 더 묶어두는 화학물질로 뇌가 홍수를 이루게 하는 단순 알림들을 비롯해 유혹하고 방해하는 것들로 넘쳐난다.

새로운 상품의 판촉 캠페인을 개발해야 하는 업무를 맡은 마케팅 담당자를 예로 들어보자. 이 사람은 어떻게 조사해야 하는지, 어떻게 보고서를 써야 하는지, 어떻게 프레젠테이션을 준비해야 하는지 아주 잘 알고 있다. 하지만 집중해서 빠르게 일에 착수하는 대신 트위터에서 수다를 떨고, 유튜브를 시청하며, 인스타그램에서 '좋아요'를 누르느라 시간이 순식간에 지나가고 있다. 어떻게든 조사와 보고서가 완성되고 프레젠테이션도 준비되겠지만, 마케팅 담당자의 잠재력이 온전히 반영됐을 리 만무하다.

물론 우리가 세상에 존재하는 유혹과 방해를 모두 없앨 수는 없다. 하지만 그건 진짜 문제가 아니다. 유혹과 방해를 적절하게 다루는 요령이 없다는 게 문제다!

비록 우리가 가는 길에 유혹과 방해가 넘쳐난다고 하더라도 여전히 상황을 헤쳐 나갈 수 있게 해주는 두 가지 방법이 있다. 하나는

전략적 회피

이고, 또 다른 하나는

건전하고 절도 있는 이용

이다.

우선, 유혹과 방해를 피하기 위한 전략을 시행할 수 있다. 예를 들어, 소셜미디어의 빈번한 알림이 방해가 된다면 일에 집중하는 동안에는 계정에서 로그아웃하기로 결정할 수 있다.

둘째, 우리는 건강하고 생산적인 방식으로 유혹과 방해를 다룰 수 있다. 목표를 완수한다는 이유 하나로 남은 삶 내내 구미가 당기는 즐거운 여가 활동을 피할 이유는 없다. (솔직히 그래선 안 된다.) 충분한 자격이 있는 자신에게 즐거운 활동을 하며 쉴 수 있도록 보상한다면 재충전을 통해 더 잘 기능할 수 있을 것이다.

핵심은 건강한 방식으로 그러한 활동을 할 수 있도록 충분히 훈련하는 것이다. 예를 들어, 주기적으로 정해진 양의 일을 마치면 10분씩 쉬면서 소셜미디어 계정에 다시 로그인할 수 있을 것이다.

④ 형편없는 시간 관리

"할 게 너무 많은데 시간이 부족해."

우리는 동료나 가족, 그리고 거울에 비친 자신에게 매일 이 말을 듣는다. 하지만 대부분 시간이 부족해서가 아니라 시간을 생산적으로 사용하는 '능력'의 부제가 문제라는 사실을 깨닫지는 못한다.

우리 모두에게 주어진 시간은 똑같다.

시간 관리란 생산성과 효율성을 극대화하는 방식으로, 시간을 '쓰는' 행위다. 과제의 일정을 짜는 능력뿐만 아니라 어떤 과제를 언제 잘 마칠 수 있는지를 이해하고 판단하는 능력이 있어야 시간을 효과적으로 관리할 수 있다. 게다가 시간 관리에는 처음 계획했던 대로 과제를 수행하는 자제력과 그에 맞춰 자원을 조직하는 집중력도 필요하다.

시간 관리를 잘한다면 일정은 빈틈없이 조직되고 신속하게 진행되면서 과제는 계획대로 끝난다. 그러나 계획, 조직력, 집중력, 자제력이 없다면 시간 관리에 실패할 것이다.

우리는 완료하는 데 필요한 시간을 잊어버리거나 간과하거나 잘못 계산함으로써 나머지 계획까지 연쇄적으로 망치는 결과를 낳는다. 우리가 계획한 활동에 필요한 자원을 예측하고 그것을 제공하는 데 실패하기 때문에 일정은 지체되고 계획은 무효가 된다. 계획한 활동을 먼저 하는 대신 중요하지 않은 과제를 하며 시간을 보낸 대가로 노력은 보상받지 못하고, 어쩌면 상사로부터 눈총과 질책까지 받게 될 것이다.

21세기에는 일과 삶의 균형을 유지하는 일이 전례 없는 수준으로 어려워졌다. 기술의 발달로 즐길 거리만 늘어난 것이 아니라 근로 시간 역시 늘어났다. 따라서 우리가 하루 중 해야 하는 일과 하고 싶은 일을 모두 끼워 넣기에 24시간은 더 이상 충분하지 않다.

이런 상황과 삶의 방식 때문에 시간 관리가 제대로 되지 않는 것이 일반적인 상황이 되었다. 초인적인 힘을 가진 현자나 돼야 시간 관리를 잘 할 수 있을 것 같다.

만약 일상의 과제를 위한 시간 관리조차 못 한다면, 과연 그것보다 큰 인생 계획을 완수하는 데 필요한 시간을 확보할 수 있을까?

심리적 방해물

심리적 방해물은 완수 과정에서 장애물이 되는 마음속, 무의식적 심리 과정을 말한다. 여기에는

① 게으름과 자제력의 부족
② 판단, 거절, 실패에 대한 두려움
③ 불안에서 비롯된 완벽주의
④ 자기인식의 부족

등이 포함된다. 이런 심리적 방해물들은 마음속에서 외적인 행동을 막기 위해 작동하며, 그래서 우리는 계획을 완수하지 못한다.

① 게으름과 자제력의 부족

그저 너무 게으르거나 자제력이 부족해서 과제를 완수하지 못할 때가 가끔 있다. 게으름은 우리가 목표에 다가갈 수

있게 해주는 중요한 과제를 하기 위해 소파에서 몸을 일으키는 것을 방해한다.

자제력이 부족하면 방해와 유혹에 굴복하고 시간을 헛되이 쓰게 된다. 우리는 아마 디데이를 달력에 표시하고, 해야 할 일의 목록을 작성하고, 다른 모든 준비를 끝냈을 수 있다. 하지만 어쨌든 일단 시작해서 실행하며 계속 밀고 나가는 내면의 의지와 자제력이 부족하다. 우리는 비록 작지만 치러야 하는 희생을 떠올리고, 그만큼의 가치는 없다고 판단한다.

의지는 몸을 활성화하는 에너지이고, 자제력은 목표에 그 에너지의 방향을 맞추고 집중해서 계속 나아가게 한다. 만약 우리 안의 의지와 자제력을 끌어내는 방법을 찾지 못한다면, 몸은 계속 비활성화된 상태로 결코 바라던 목표를 완수하지 못할 것이다.

② 평가, 거절, 실패에 대한 두려움

불우한 아동을 교육하는 지역 조직에서 자원봉사를 하고 있는 라라에 대해 생각해보자. 그녀에게는 더 많은 후원자를 모을 모금 캠페인에 대한 아이디어가 있다. 그래서 해야 할 일을 계획하고 그 일을 실현하려면 누구와 이야기해야 하는지 조사했다.

그러나 막상 실행에 옮기려고 첫 번째 전화를 돌리려는 순간, 숨이 턱 막힌다. 그녀는 머뭇거리며 생각한다. '내가 만든 캠페인에 아무도 참여하지 않으면 어쩌지?' '공동체 리더들이 내 아이디어를 지지해주었는데도 결국 망하면 어떡하지?' '결과적으로 실제로 벌어들인 수익보다 지출이 더 많다면 무슨 소용이 있을까?'

그래서 그녀는 그 아이디어를 완전히 접기로 한다. 그러자 곧바로 숨쉬기가 편해진다.

라라의 완수를 막은 것은 평가와 거절, 실패에 대한 자신의 두려움이었다. 그녀는 실패의 고통에 대한 일종의 자기보호 본능에 따라 행동한 것이다. 목표를 좇은 적이 없기 때문에 누구도 그녀가 실패했다고 말할 수 없을 것이다.

평가, 거절, 실패에 대한 두려움은 우리가 완수하지 못하도록 자신을 마비시킨다. 우리는 행동하길 포기함으로써 평가와 비판으로 이어질 수 있는 가능성을 차단할 수 있다고 생각한다.

평가받거나 비판받지 않는다면 거절당할 일도 생기지 않는다. 특히 어려운 일에 도전하지 않으면 실패도 하지 않는다. 그러나 이런 생각들은 왜곡된 추론의 파국적인 오류다. 행동하지 않고 완수하지 않음으로써 시작도 하기 전에 벌써 스스로 평가하고 거절한 것이다.

행동하지 않기로 결정한 순간, 우리는 이미 실패자다.

③ 불안에서 비롯된 완벽주의

폴은 지금까지 몇 년 동안 승진 계획을 세웠다. 세미나에 참석하고, 자격시험들을 보고, 대학원에 등록하는 등 전문적 지식과 기술을 향상하기 위해 노력하고 있다. 그는 승진을 요구할 때 승인을 100퍼센트 확신할 수 있을 만큼 이력서가 완벽하길 바라고 있다. 폴에게는 완벽하지 않으면 아무 의미가 없었다.

몇 년이 더 지났지만, 그는 여전히 더 높은 자리를 요구하지 않고 있다. 자신의 자격이 충분하다고 생각하지 않았기 때문이다. 심지어 충분하다고 느낀 적도 전혀 없었다.

자신이 충분하다고 느껴지지 않는 불안과 두려움에서 비

롯된 완벽주의는 폴의 완수를 막았다. 그는 목표를 향해 앞으로 나아가게 하는 행동을 취하는 대신 과도한 계획과 완벽을 위한 노력에 에너지를 집중했으며, 결과적으로 정체된 삶을 살고 있다. 바깥에서는 폴이 목표를 향해 정진하는 사람으로 보일 수 있겠지만, 실상은 완벽주의 때문에 진정한 완수의 길로 나아가지 못하고 있다.

④ 자기인식의 부족

마지막으로 자기인식의 부족 역시 완수를 막는 심리적 걸림돌이 될 수 있다. 우리는 대개 실수나 컴포트존comfort zone(심리적으로 편안함을 느끼는 영역)에서 벗어나는 것을 두려워하기 때문에 자신의 온전한 한계를 배우지 못한다. 따라서 우리의 관심사나 열정, 재능의 대부분은 죽을 때까지 빛을 보지 못한다. 그리고 진짜 능력을 모르기 때문에 시도하더라도 이루지 못할 거라고 확신한다. 그래서 계획을 완수하지 않은 채 정체된 삶에 스스로를 가둔다.

그뿐만 아니다. 완수하고 있지 않다는 자기인식도 결여됐기 때문에 정체된 삶 속에 갇힌 것조차 모른다. 계속 바쁘게 살면서 이보다 더 열심히 노력할 수는 없다는 생각으로 만족한다. 하지만 우리를 정신없게 만드는 자질구레하고 잡다한 일상을 벗겨내고 우리의 삶을 멀리서 면밀히 관찰해보면, 정말 중요한 것들을 완수하지 않고 회피해왔다는 사실을 깨닫게 된다.

자, 이제 당신은 우리가 완수하지 못하는 이유를 알게 됐다. 우리는 흥분과 열정으로 시작하지만 핑계와 변명으로 끝을 맺는다. 혹시나, 하고 시작해서 역시나, 하고 끝난다. 눈앞에 놓인 것 너머를 보려고 애쓰지 않는다. 바로 앞에 있는 것이 얻기 쉽고 편리하니까. 내심 저 너머에 있는 것을 알고 싶지도 않다. 그것을 원할까 봐, 그리고 얻기 위해 힘들게 노력해야 할까 봐 두려워서다.

하지만 자신의 성장과 행복을 위해 잠시 용기를 내어 상상해보자. 완수하는 습관을 들인다면 인생이 얼마나 달라질지를!

우리가 완수한다면 어떨까?

●

완수의 길은 더 험하지만, 그 힘든 여정을 택한 대가는 충분하다. 완수하는 습관을 들인다면 생산성을 높이고, 모든 기회를 극대화하며, 자신의 온전한 잠재력을 깨닫게 된다. 학문적이고 직업적인 목표들은 몽상에서 시작해 좌절로 끝나는 뜬구름이 아닌 인생의 현실적인 이정표가 될 것이다.

완수하는 사람이 되면 인간관계도 향상될 것이다. 자신의 약속을 꾸준히 지킴으로써 상사나 동료, 직원의 신뢰를 얻게 된다는 사실을 발견할 것이다. 무엇보다, 배우자와 자녀, 친구들과 더 좋은 관계를 쌓게 될 것이다. 그들은 당신이 계획대로 실행하고 약속을 지킨다는 사실을 알기 때문에 당신의 말을 믿을 수 있다고 생각한다.

이뿐만 아니라, 완수는 자기 자신과 더 좋은 관계를 맺게 해줄 것이다. 완수는 당신이 자신의 바람, 욕구, 능력과 접촉하게 할 뿐만 아니라 두려움을 친숙하게 만든다. 따라서 당신은 무의식적 두려움과 사회의 압박에 굴종하는 노예가 아닌, 주인처럼 주도하는 삶을 살게 될 것이다.

요약하면, 완수는 집중력, 자제력, 실천력, 끈기의 강력한 조합이다. 그리고 더 나은 직업적 성취, 더 좋은 인간관계, 더 큰 만족을 향해 나아가게 하는 힘이다.

그러나 전략적, 심리적 방해물은 종종 꿈과 목표를 향해 꾸준히 나아가려는 당신의 발목을 붙잡는다. 처음에 타오르던 열정과 동기도 도중에 사그라든다. 그 열정에 다시 불을 붙이기 위해서는 제일 먼저 무엇이 발목을 잡는지 파악하고, 시작한 것을 완수하도록 돕는 알맞은 전략과 심리적 도구를 갖춰야 한다.

이 장의 시작을 열었던 에스더의 이야기를 다시 떠올려 보자. 에스더는 자기 사업을 시작하길 바라며 휴가를 냈지만, 그녀의 주의를 끄는 유혹에 굴복하고 거절과 실패의 두려움에 사로잡혀 완수에 실패했다. 현실적인 목표를 세우고 꿈꿨던 삶을 완수해 나가면서 시간을 보내는 대신 결국 재미없는 삶으로 돌아오고 말았다.

만약 에스더가 완수를 막는 장애물을 인지했다면 어땠을지 생각해보자. 알맞은 전략과 심리적 방법을 사용해 그런 장애물을 극복하고 결국은 홈베이킹 사업을 운영하는 데 성공한 모습을 상상해보라. 그녀는 매일 아침 좋아하는 일을 하러 간다는 생각에 들떠 눈을 뜰 것이다. 매일 아들 곁에서 시간을 보내며 자라는 모습을 지켜볼 것이다. 유일하게 꿈꿨던 삶을 살고 있을 것이다.

이제 당신의 삶을 생각해보자. 당신은 원하는 것을 완수하며 살고 있는가? 아니면 그런 삶을 살지 못하게 방해하는 제한적 전략들과 심리적 장애물의 희생양으로 남아 있는가?

후자라면, 계속해서 이 책을 읽어 나가라. 이어지는 내용은 당신이 필요한 수단을 갖추고 스스로 발전하는 방향으로 나아가는 방법, 즉 완수에 있어서 필수적인 힘이 무엇인지 알려줄 것이다.

간단 정리

● 완수는 현재 안주하고 사는 삶 대신 당신이 진짜로 원하는 삶을 창조하게 해준다.

● 완수는 집중력, 자제력, 실천력, 끈기, 이렇게 네 부분으로 구성되어 있으며, 모두 하나같이 중요하다.

● 그러나 실제로 행하는 것은 그렇게 해야 하는 것을 아는 것만큼 쉽지 않다. 우리가 툭하면 시작한 것을 마무리 짓거나 완수하지 못하는 데는 강력한 이유들이 있다. 이런 이유들은 크게 제약이 있는 전략과 심리적 방해물로 나눌 수 있다.

● 제약이 있는 전략이란 무의식중에 자신에게 도움이 되지 않는 계획을 세우는 것을 말한다. 여기에는 ① 적절하지 않은 목표 세우기 ② 미루기 ③ 유혹과 방해에 굴복하기 ④ 형편없는 시간 관리가 포함된다.

● 심리적인 방해물은 우리가 무의식적인 자기보호 본능 때문에

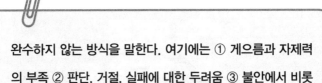

완수하지 않는 방식을 말한다. 여기에는 ① 게으름과 자제력의 부족 ② 판단, 거절, 실패에 대한 두려움 ③ 불안에서 비롯된 완벽주의 ④ 자기인식의 부족이 포함된다.

2장.

목표를 계속 갈망하라

FINISH
WHAT YOU START

시작한 것을 완수할 수 있도록 당신을 동기화하는 것은 무엇일까? 어떻게 하면 동기화된 상태를 유지할 수 있을까?

샐리라는 여성의 사례를 살펴보자. 샐리는 이상주의자로, 가난한 사람들을 돕기 위한 자선 사업을 시작했다. 하지만 그녀는 자신에게 찾아올 어려움은 예상하지 못했다. 비영리단체 역시 하나의 사업이며 단순히 사람들을 돕는 것 이상의 많은 일이 관련되어 있다는 사실을 몰랐던 것이다.

기부금과 보조금을 두고 다른 자선단체와 경쟁하고, 사람들이 그녀의 목적에 관심을 갖도록 마케팅 전략을 짜는 등의 활동을 하며 어려움에 부딪힐 때마다 감당하기 힘들다고 느꼈다.

'다른 사람을 돕게 만드는 게 이렇게 어려울 일이야!?'

그녀는 혼자 푸념했다.

얼마 지나지 않아 샐리는 자신의 일에 완전히 흥미를 잃었다. 괜히 부정적인 생각과 기분만 잔뜩 들었다. 보조금을 부탁하는 편지를 쓰고 자선 이벤트에 참석하는 일이 끔찍이도 싫었다. 그녀가 그토록 중요하게 생각했던 목표를 상실하는 데까지는 몇 달 걸리지 않았다.

샐리가 실패한 가장 큰 이유는 재단을 설립하면서 부정적인 측면에 대해 예상하고 대비하지 못했기 때문이다. 그녀는 자금을 조달하는 일은 이보다 적게 하고 직접적으로 사람을 돕는 일을 많이 할 거라고 상상했다. 완수로 나아가는 과정에서 오로지 동기가 된 목표에만 의존했기 때문에 재단을 운영하는 과정에서 생기는 부정적인 상황을 해소하는 데 도움이 되는 어떤 것도 갖추지 않았다.

하지만 샐리의 진짜 문제는

동기의 참된 뿌리

를 발견하지 못했다는 점이다.

그녀는 자신을 좌절시키는 부정적인 상황을 돌파할 동기의 진정한 근원을 찾아야 했다. 그녀의 꿈이라는 긍정적인 측면과 부정적인 측면 사이에서 균형을 잡았다면 부정적인 측면은 원대한 꿈을 좇는 과정에서 충분히 감당할 만한 걸림돌이 되었을 것이다. 또한 애초에 이 프로젝트를 맡은 목적뿐만 아니라 싫어하는 일조차 궁극적으로 그녀의 꿈과 이상을 실현하는 데 도움이 된다는 사실을 상기했다면 동기의 불씨를 살아 있게 할 수도 있었다.

샐리는 열정만으로는 완수할 수 없다는 사실을 보여주는 아주 좋은 예다. 가끔 우리는 지금 하고 있는 일을 신경 쓰지 않기 때문에 완수하지 못한다. 흥미가 없으니 동력도 사라진다. 그건 당연하다. 그렇다고 무언가를 소중하게 생각한다는 사실 자체가 완수를 가능하게 하는 핵심은 아니다. 때로는 목표를 소중하게 생각하면서도, 계속 나아가고자 하는 욕구가 없어서 완수하지 못한다.

이런 의욕의 결핍은 다음의 중요한 측면들 사이의 심각한 단절에 의해 생긴다.

1. 우리가 관심 있는 것들이 상징하는 것
2. 우리 행동을 통해 얻게 되는 긍정적인 이득

그리고

3. 목적과 관련된 우리가 피할 수 있는 부정적인 결과

서로 합쳐져 동기를 부여하는 이 세 가지 중 어느 하나라도 단단히 연결되어 있지 않을 때 우리는 동력을 잃는다.

동기부여가 뭐냐고? 그것은 당신이 가슴 깊이 소중하게 간직한 채 실제로 목표를 향해 정진하고 싶게 만드는 것이다. 당신을 움직이게 할 뿐만 아니라 포기하지 않도록 해준다. 이에 더해, 당신은 일과 관련된 부정적 결과를 최소화하는 동시에 얻게 되는 긍정적 이득을 최대화해야 한다.

동기부여는 여러 가지로 정의할 수 있지만, 크게 외적 동기부여와 내적 동기부여로 나누는 것이 효율적이다.

외적 동기 요인

외적 동기 요인은 동기를 부여하는 데 사용하는 외부 자원이다. 여기에는 당신을 행동하게 만드는 또 다른 인물이나 상황이 있다. 우리는 자신 외의 사람들과 여러 가지를 이용해 부정적인 상황을 피하거나 긍정적인 상황을 만들기 위해 어떤 행동을 한다.

더 일반적으로 말하면, 외적 동기 요인들은 부정적인 결과를 피하는 것과 관련이 있다. 예를 들어, 실패하면 가족이 실망할까 봐 더 노력하면서 성공을 다짐할 수 있다. 해고가 두려워서 오히려 자신감 있게 행동할 수 있다.

이런 동기의 상당수를 차지하는 것은 우리가 두려워서 필사적으로 피하는 '처벌'이나 '부정적 결과'다. 유일하게 긍정적인 외적 동기 요인은 '스스로에게 주는 뇌물'이다.

외적 동기를 자신의 이익에 도움이 되도록 만들면 얻을 수 있는 것이 많다. 부정적인 결과를 피하도록 만드는 것은 어떤 일을 할 때 훌륭한 자극제가 될 수 있다. 누구도 고통받길 원하지 않는다. 완수하지 않을 경우 고통받게 된다고 생각한다면, 그런 부정적 결과를 피하고자 무엇이든 할 것이다. 완수하는 것밖에는 선택의 여지가 없다고 느끼니까!

책임 파트너: 멱살 잡고 끌고 가줄 동료

책임 파트너는 당신에게 책임을 묻는 사람이다. 당신과 무언가를 함께 도모하며, 당신이 그 일을 해야 할 때를 일러주고 포기하려고 할 때 독려한다. 그리고 당신이 완수하지 않은 경우 나무란다.

우리는 조력자를 실망시키지 않기 위해 과제를 수행할 가능성이 더 커진다. 부끄러운 상황을 피하게 만드는 이 사람에게 의지하면서 부정적 피드백을 받지 않으려고 행동과 목표에 대해 책임감을 느끼게 된다. 조력자는 당신이 자신과 함께 목표를 완수할 거라고 믿고 있기 때문에 당신은 이 사람을 실망시키지 않으려고 책임감 있게 행동할 것이다.

책임 그룹

책임 그룹은 단 한 명의 파트너보다 더 효과적일 수 있다.

당신에게 책임을 물을 사람이 여러 명이라면 당신이 당할 창피의 크기는 엄청나게 커질 수 있다. 여러 명이 서로에게 더하는 부끄러움과 실망의 크기를 생각하면 정말 부담스럽다. 게다가 한 사람이 도중에 떨어져 나가더라도 여전히 책임을 물을 수 있는 사람들이 있다.

한 명의 파트너가 주는 헌신에 기대기는 쉽지 않지만, 집단은 훨씬 꾸준한 압박을 제공할 수 있다. 당신이 부응해야 하는 사람들과 당신을 안내하는 사람들이 더 많다면 당신은 부끄러움을 피하려고 꾸준히 노력할 것이다.

판돈

돈을 잃을 위험은 당신이 유리하게 이용할 수 있는 또 다른 동기다. 비싼 스포츠센터 회원권을 끊어서 스포츠센터에 더 자주 가게끔 만드는 것이 여기에 해당하는 좋은 예다. 우리는 돈을 낭비하고 싶지 않기 때문에, 또 본전을 뽑기 위해 스포츠센터에 간다.

또 다른 예는 하나의 과정을 위해 아주 큰돈을 지불하는 것이다. 엄청난 수업료를 그냥 낭비하는 것은 부끄럽게 느껴지기 때문에 그 과정을 다 마치려고 노력한다. 심지어 마음의 준비를 하기 조금 앞서 돈부터 투자하면 돈을 낭비하거나 잃지 않기 위해 끝까지 마쳐야 한다는 압박을 느끼게 될 것이다. 여기에서 주요 작동 기제는 쓰지도 않는 돈을 낭비한 것에 대한 '죄책감'이다.

한 단계 더 나아가 일종의 코치나 트레이너를 고용할 수도 있다. 이를 한 단계 발전된 것으로 보는 이유는 당신에게 책임을 물을 수 있는 사람에게 돈을 지불함으로써 금전적인 투자와 책임 파트너를 결합한 형태로 만들었기 때문이다. 이제 당신은 그만두거나 물러서면 안 되는 두 가지 이유가 생긴 셈이다. 돈만 낭비하기 싫은 게 아니라 실망한 책임 파트너에게 당신이 얼마나 실패했는지도 듣고 싶지 않을 테니까!

마지막으로, 누군가에게 돈을 주고 당신이 완수할 때까지 돈을 돌려주지 말라고 부탁하는 방법이 있다. 친구에게 500달러를 주고 과제를 다 마칠 때까지 돌려주지 말라고 해보라. 근면함이 당신에게 얼마나 중요한 가치인지 빠르게 알게 될 것이다. 500달러로 충분하지 않다면 진심이 될 수 있도록 다음에는 금액을 더 높여라.

스스로에게 주는 뇌물

마지막 외적 동기 요인은 스스로에게 뇌물을 주는 것이다. 이는 완수할 경우 자신에게 보상한다는 의미다. 따라서 보상물을 통해 당신은 원동력을 얻고 어려움을 극복할 수 있다. 예를 들어, 당신은 현명하게 돈을 절약하고 넉넉하게 번다면 꿈에 그리던 해변에서 휴가를 보낼 수 있다는 걸 알고 있다. 해변에서 보내는 휴가를 떠올릴 때의 감정을 계속 느낄 수 있다면 당신이 돈을 쓰고 싶을 때마다 강력한 리마인더reminder (상기물)가 될 것이다.

외적 동기 부여는 대개 고통을 피하게 만드는 방식이므로, 당신이 피하고 싶은 고통을 찾거나 직접 만들 수 있다. 그러면 그런 고통을 피하고자 하는 욕구가 당신을 움직이게 할 것이다.

부정적인 사회적 감정 피하기는 효과가 좋은데, 사람은 누구나 부끄러움, 죄책감, 거절의 감정을 원하지 않기 때문이다. 프로젝트나 책무를 끝까지 다하기 위해 부정적인 사회적 감정에 대한 당신의 '두려움'을 이용하라.

내적 동기 요인

•

내적 동기 요인은 부정적 결과나 처벌을 피하는 것과 반대로 당신이 바라는 것들이다.

당신이 부정적인 결과를 회피하기 위해 동기부여가 됐다고 해도, 어느 시점에 그 부정적인 결과가 당신을 죽이지 않는다는 사실을 깨닫고 두려움을 감당하게 되므로 당신의 동기는 사라진다. 게다가 때로는 그 부정적 결과를 간단히 처리하게 될 것이다.

내적 동기 요인들이 외적 동기 요인들보다 완수에 더 좋은 자원일 때가 종종 있다. 어떤 경우에는 당신이 애정을 가지고 바라는 것이 두려움에 기대는 것보다 더 큰 효과를 발휘한다는 의미다.

우리는 이렇게 생각할 수 있다. 당신이 공포나 상당한 부정적 결과에 직면함으로써 동기부여가 된다면 외적 동기 요인이 이상적이지만, 당신이 무엇을 원하는지 알고 있음에도 완수하지 않아서 두려워할 이유가 없는 경우에는 내적 동기 요인이 더 적합하다.

내적 동기 요인은 당신이 행동하고 노력하는 '이유'이다. 당근을 쫓아 걷고 있는 당나귀를 생각해보자. 내적 동기 요인은 당근이고 외적 동기 요인은 채찍인 셈이다. 외적 동기 요인은 우리가 공포나 불쾌한 어떤 것에서 벗어나기 위해 앞으로 움직이게 만든다면, 내적 동기 요인은 당신이 목표에 도달했을 때 큰 보상과 기분 좋은 혜택을 많이 얻게 될 거라고 느끼게 한다.

당신이 내적 동기를 분명하게 할수록 동기부여는 더 확실해지고, 당신은 끝까지 완수하게 될 것이다.

다음의 질문을 통해 얼마나 이득을 얻는지 판단하고, 그런 다음 이득을 향한 갈망이 당신을 앞으로 이끌게 하라. 내적 동기부여는 인간이 가진 보편적 바람과 욕구에 호소하기 때문에 더 안정적인 경향이 있다.

무엇을 얻고자 하는가?

돈을 벌거나 삶의 행복과 만족감을 얻을 수 있다.

당신이 목표에 가까워질수록 더 많이 얻게 된다.

당신의 인생이 어떻게 바뀌거나 좋아질까?

당신이 돈을 더 벌면, 더 좋은 집이나 차를 살 수 있다.

더 큰 성취감을 통해 우울증이나 극도의 슬픔에서 회복할 수도 있다.

가족에게는 어떤 도움이 될까?

당신의 가족은 당신에게 큰 의미가 있다. 그러니 가족이 당신에게 동기를 부여하게 하라.

당신이 그들에게 더 좋은 삶을 선사하고 그들을 자랑스럽게 했을 때 가족의 뿌듯한 미소를 상상하라. 더 안전한 동네에 살면서, 비싼 등록금을 감당할 수 있고, 아이에게 더 좋은 옷을 입힐 수 있는 상황을 상상하라.

당신은 다른 사람들에게 어떤 영향을 주게 될까?

어쩌면 누군가에게는 롤모델이 될 것이다. 그러면 스스로 중요하고 좋은 사람이라고 느낄 것이다. 자선단체에 기부하거나 가난한 사람들이 겨울을 날 수 있도록 옷과 신발을 선물할 수도 있다. 어쩌면 당신의 이름을 딴 새로운 기관을 설립할 만큼의 돈을 기부할 수 있을지도 모른다.

어떤 긍정적인 감정이 생길까?
목표를 완료했을 때 얻게 될 긍지와 자부심, 그리고 행복을 생각하라.

당신의 행동이 어떻게 장·단기적 목표로 이어질까?
당신은 목표를 향해 단계적으로 나아가고 있는가? 소설한 편을 완성하기 위해 자료 조사가 필요하고 일정한 분량 이상 써야 하는 것처럼, 당신이 해야 하는 일을 생각해보자. 그리고 그 목표를 향해 매일 나아간다고 생각하자.

일상에서 내적 동기 요인을 이용하면 매일의 과제를 마치고 결국 완수하는 데 실질적인 도움이 된다. 점점 더 힘들어져서 진지하게 포기하려고 할 때, 당신의 삶이 변화될 모습에 집중한다면 시작한 것을 끝내기가 훨씬 더 쉽다.
그러니 정말 싫어하는 일을 해야 할 때마다 그 일이 당신을 얼마나 더 목표에 가깝게 만들어줄지 생각하라. 목표를 위한 노력이 지겹고 피곤하게 느껴질 때, 그 일을 완수하면 얼마나 기분이 좋을지를 상상하라. 자신의 목표와 그것을 끝마치고 싶은 이유를 매일 다시 살펴라. 그리고 당신이 완벽하게 동기부여된 상태에서 프로젝트를 완성해 나가라.

앞의 질문들에 대한 당신의 답을 적어보자. 이 대답을 정기적으로 다시 살피면서 지금의 상황을 바꾸거나 향상하고 싶은 이유를 떠올려라.

기회비용을 이해하라

●

시작한 것을 완수할 때는 언제나 희생이 따른다.

당신이 완수해야 하는 일에 전념하려면 돈과 노력을 들여야 할 뿐만 아니라, 좋아하는 다른 일을 하면서 보낼 수 있는 시간도 포기해야 한다.

당연히 희생을 좋아하는 사람은 없다. 따라서 희생하는 듯한 기분을 이겨낼 만큼 강력한 동기 요인을 만들고 각각의 희생을 가치 있게 만들지 않는다면 때때로 그 희생의 기분 나쁜 그림자가 당신의 목표를 가려버릴 것이다.

인생의 모든 것이 다 기회비용이다.

다시 말하면, 당신이 해야 하는 모든 일에는 기회비용이 든다는 뜻이다. 모든 행위에는 다른 일을 하는 데 사용할 수 있는 시간과 노력이 들어간다. 기타를 배운다는 것은 음계와 코드 연습, 그리고 손가락에 못이 박히는 고통을 홀로 감수하는 시간을 의미한다. 대학에 간다는 것은 일찍 일어나 지루한 강의를 들으러 가고 과제를 하면서 보내는 시간을 포함한다.

당신은 교환할 준비가 됐는가?

만약 당신이 감당하기에 그 기회비용이 너무 크다면, 당신은 그 일을 완수하지 않을 것이다. 따라서 그 기회비용을 받아들일 수 있게 만드는 동기 요인을 찾아야 한다. 그 비용을 지불할 정도로 충분히 동기부여가 된다고 느끼지 않는다면, 동력을 잃고 포기할 것이 뻔하다.

이런 문제를 해결하는 방법은 두 가지다.

첫 번째는 동기 요인이 기회비용을 비롯해 당신이 놓치게 될 것들을 무시하게 만들 수 있을 만큼 훨씬 더 크고 더 선명해야 한다는 것이다. 희생할 만한 가치가 있다고 느끼려면 동기 요인은 반드시 당신이 하는 희생보다 더 큰 의미를 지녀야 한다.

두 번째 해법은 희생을 최소화하는 것이다. 이는 일을 완수할 때 고통을 덜 겪게 한다는 뜻이다.

두 경우 모두 비용 편익 분석을 통해 편익을 따지지만, 첫 번째 방법은 편익을 조작하는 반면, 두 번째 방법은 비용을 조작한다.

매주 금요일 밤 역사 수업을 듣기 위해 친구들과 즐거운 시간을 포기하는 상황을 예로 들어보자. 그 수업은 당신이 꿈에 그리는 직업을 얻기 위해 필요한 학위를 따는 데 필수다. 그러나 분명 친구들과 밤에 어울리는 것도 정말 좋다.

첫 번째 방법을 적용하려면 당신이 원하는 직업을 얻고, 더 나은 인생을 살며, 스스로 자랑스럽게 느끼고 싶은 마음이 금요일 밤에 놀러 나가고 싶은 마음보다 더 커야 한다. 몇 번의 금요일 밤만 잘 견디면 당신의 인생이 극적으로 바뀌게 될 거란 사실을 명심하라. 그렇지 않으면 갈등이 너무 커서 수업을 포기하고 친구를 선택할 것이다.

이제 같은 결과를 얻기 위해 두 번째 방법을 적용해보자. 금요일을 완전히 포기하는 대신 다른 날을 고르거나, 조금 무리를 하더라도 매주 금요일 밤 수업을 마친 후 친구들과 짧게나마 시간을 보낼 수 있다. 완전한 희생에서 절충적인 희생으로 조절하는 것이다. 결과적으로, 목표를 위해 노력하면서도 원하는 일을 계속할 수 있게 하는 절충안이다.

기회비용과 잠재적 희생에 직면하게 되면 이 사실을 기

억하라. 당신의 인생은 100퍼센트 당신이 원하는 방식으로 계속되지는 않겠지만, 이득을 늘리고 희생을 줄이는 데 초점을 맞춘디면 동기가 부여된 상태로 부지런히 꿈을 향해 계속 나아갈 수 있다.

동기를 늘 염두에 둬라

●

내적 동기 요인과 외적 동기 요인은 완수를 위해 전념하고 생산성을 높일 수 있는 좋은 수단이다. 하지만 눈에서 멀어지고 마음에서 멀어진다면 소용이 없다.

심리학에 따르면 사람들은 자신들의 동기를 상기하게 만드는 자극에 노출될 때 완수할 가능성이 높다고 알려져 있다. 우리는 동기 요인을 계속 보고 들음으로써 동기가 부여된 상태를 유지할 수 있다. 그렇다면 해법은 간단하다. 바로 리마인더를 끊임없이 활용하는 것. 리마인더는 너무 많은 일들에 집착하는 우리가 계획대로 일을 진행할 수 있게 해준다.

펜실베이니아대학교의 케이티 밀크먼은 리마인더를 연계하면 사람들이 목표를 기억하고 완수하는 데 도움을 받을 수 있다는 가설을 발전시켰다.

가설을 확실히 검증하기 위해 그녀는 참가자들에게 1시간짜리 컴퓨터 작업을 요청하고, 참가자들이 이를 완료하면 보상금을 받는 실험을 진행했다. 실험에서 참가자들은 보상금을 받으면 지역 푸드뱅크에 1달러를 기부할 것을 약속했고, 기부가 이루어지는지 확인하기 위해 클립을 하나씩 가져가달라는 요청을 받았다. 실험 내용 안내 후 마지막으로 대조군은 시간을 내줘 고맙다는 인사를, 실험군은 클립이 코끼리 상 옆에 있다는 안내를 받았다.

실험 결과, 코끼리 상에 관한 안내를 들은 실험군의 74퍼센트가 연구 마지막에 클립을 집어 가야 한다는 사실을 기억했다. (대조군의 경우 42퍼센트만이 이 사실을 기억했다.) 코끼리 상이라는 시각적인 단서(리마인더)가 참가자들이 단순 과제를 더 쉽게 마치도록 만든 것이다. 학생들에게 생소한 조각상의 모습은 평범한 안내보다 기억을 자극하는 데 훨씬 큰 도움을 줬다.

이에 더해, 밀크먼과 연구진은 눈에 확 띄는 단서가 그렇지 않은 단서보다 더 효과가 좋다는 사실도 발견했다. 예를 들어, 글로 적은 리마인더는 (〈토이 스토리〉에 등장하는 외계인 모양 같은) 시각적 단서만큼 연구 참가자를 효과적으로 상기시키지 못했다.

최고의 동기 요인으로 최선의 효과를 내려면 노출 빈도를 높여야 한다. 이때 당신에게 자극을 주는 리마인더를 이용하면 계속 동기부여된 상태로 하고자 하는 일을 완수할 수 있다.

다만 이런 단서들은 당신 눈에 띄어야 한다.

예를 들어, 당신이 무시할 수 없도록 눈에 띄고 화려한 이미지 또는 청각, 촉각, 후각을 포함해 다른 감각을 이용할 수 있다. 가족들에게 금전적으로 더 나은 미래를 선사하고 싶다면, 계속 노력해야 한다는 사실이 떠오르도록 책상에 자녀의 사진을 두는 데 그치지 말고 액자에서 자녀의 샴푸나 배우자의 향수 냄새가 나게 하라.

중요! 리마인더는 그저 여기저기 붙어 있는 포스트잇과 같은 시각적인 도움에 한정된 것이 아니다. 우리는 상상력과 창의적인 방법으로

오감에 작용하는 단서

를 사용할 수 있다.

하지만 그런 단서들이 일상에서 익숙한 배경이 되어 결국 무시하게 되지 않도록 반드시 며칠 간격으로 위치를 바꾸고 변화를 주어야 한다.

며칠 주기로 다른 표현을 사용해 동기를 적는 방법도 있다. 다시 말하지만, 너무 익숙해지지 않도록 변화를 줘야 한다. 반복적으로 단서를 창조하는 행위는 마음속에서 생생하고 새롭게 동기를 부여하는 데 도움이 될 것이다.

간단 정리

- 어떻게 하면 목표를 계속 갈망하고 동기를 부여받을 수 있을까? 당신이 마음껏 활용할 수 있는 내적 동기 요인과 외적 동기 요인이 무엇인지 곰곰이 체크하고 스스로 질문을 던지는 과정이 필요하다.

- 외적 동기 요인은 우리를 행동하도록 밀어붙이는 다른 사람과 장소, 상황과 관련이 있다. 외적 동기 요인 대부분은 우리가 다른 사람, 장소, 상황과 관련해서 부정적인 결과를 피하고 싶을 때 작동한다. 외적 동기 요인에는 책임 파트너와 책임 그룹, 판돈, 스스로 주는 뇌물 등이 포함된다.

- 내적 동기 요인은 우리가 삶을 유익하게 발전시키는 방법을 깊이 고민할 때 작동한다. 이것들은 놓치기 쉬운 보편적 욕구와 충동, 그리고 바람이다. 이를 쉽게 발견하는 방법은 '어떻게 하면 유익하고 향상된 인생을 살 수 있을까?' 같은 직접적인 질문을 던지고 답을 하는 것이다. 이런 질문에 답할 수 있을 때 당신이 소홀히 하는 게 무엇인지 깨달을 수 있다.

● 우리가 달성하려는 것이 무엇이든 기회비용이 든다. 소파에 누워 텔레비전을 보는 시간이라도 희생해야 한다. 비용을 최소화하거나 편익을 극대화할 수 있도록 비용 편익 분석을 활용하여 정신적 걸림돌을 해결할 수 있다.

● 동기부여는 우리가 그것을 상기할 때 가장 잘 작동한다. 눈에서 멀어지면 마음에서 멀어지는 법이니까! 따라서 여기저기 동기부여가 되는 단서를 둬야 한다. 단, 계속 눈에 띄고 기억에 남도록 미각을 포함해 오감을 모두 사용하고, 익숙해져서 잊지 않도록 주기적으로 변화를 주고 바꿔라.

3장.
선언문
작성법

||||||||||||||||||||||||||||||||||||||||||||||||||||||||||||||||||||||||||||||||||||||

FINISH
WHAT YOU START

완수와 포기를 고민해야 하는 괴로운 갈림길에 서게 될 때가 있다. 그때마다 어떤 판단을 해야 하나 고민하며 의지를 시험하는 대신 자신만의 규칙을 세워두면 갈림길에서 방향을 결정하는 데 도움이 된다.

우리 모두 어려서부터 규칙을 따라야 한다는 소리를 귀에 못이 박히게 들어왔다. 자, 이제는 원하는 바를 이룰 수 있게 해주는 규칙을 스스로 정해보도록 하자.

규칙은 보통 멘탈 모델mental model이라고 불리며, 완수하는 데 결정적인 역할을 한다. 규칙은 모든 결정에서 예외 없는 하나의 방식을 만들기 때문이다. 자신을 위해 만들어진 규칙에 따라 이미 결정이 내려진 상태이기 때문에 그 결정을 자동으로 따른다면 의지가 약해지고 자제하지 못해서 포기하는 잘못된 결정을 내릴 가능성이 없다.

규칙은 당신을 책임 있게 만들기 때문에 매일 즉흥적으로 행동하지 않고 정해진 방향으로 갈 수 있다. 당신의 세계관과 일상의 행위에 방향을 제시하는 규칙을 사용하라. 그 규칙에 따라 모든 결정을 내려라.

규칙 활용의 좋은 예를 하나 들자면, 목표를 위해 해야 할 일 목록에서 매일 두 개의 과제를 마치는 것이다. 하지 않는 것은 절대로 용납되지 않는다. 무슨 일이 있어도 단계를 완료해야 한다. 결과적으로, 원치 않을 때조차 목표를 향해 나아가고 있다는 사실을 깨닫게 될 것이다.

선택은 당신 손을 벗어났다.

열심히 하자고 매일 결심할 필요 없다. 그것은 만들어진 규칙에 따라 이미 내려진 결론이므로, 당신은 따르는 수밖에 없는 것이다.

해야 할 일 목록에서 항상 두 개의 과제를 마치는 규칙을 정하지 않은 존이라는 작가의 사례를 생각해보자.

아침에 그는 의욕에 차서 이렇게 생각한다. '일을 마치면 집으로 돌아와 소설을 써야겠어! 두 챕터를 써야지.' 하지만 직장에서 일하느라 피로가 쌓인 그는 서서히 열정이 식어버린다. 집에 도착할 때쯤엔 그냥 넷플릭스나 보고 싶은 마음이다.
애초에 규칙이 없으니 계획은 실패한다.
진행을 못 하니 여전히 목표에서 멀리 있다.
끔찍한 죄책감이 그를 괴롭힌다.
잠자리에 들면서 내일은 못 한 만큼 더 써서 네 챕터를 완성하자고 다짐한다.

이후로 어떤 일이 벌어질까? 피곤한 채로 돌아온 그는 다시 그 피로에 굴복한다. 일 때문에 지쳤다는 사실을 글을 쓰지 않을 핑계로 삼는다. 게다가 오늘은 네 챕터나 써야 한다는 어처구니없는 목표까지 생각하니 시작조차 못 할 것 같은 기분이다. (전날 밤에 두 챕터를 쓸 에너지가 없었는데 오늘 밤 네 챕터를 쓸 에너지가 있을 리가…) 그는 부담스러워서 한 자도 쓰지 못한다. 쓰지 않을 변명거리를 늘 만들어내기 때문에 결코, 절대 소설을 완성하지 못할 것처럼 보인다.

그는 너무 많은 선택지와 빠져나갈 구멍을 만들고, 툭하면 스스로 완수를 방해하는 행동을 한다.

이제 존이 피로 따위는 상관하지 않을 명백한 규칙을 매일 적용했다면 어떨지 상상해보자. 그는 얼마나 피로한지, 또 얼마나 영감을 받았는지 개의치 않고, 저녁에 일을 마치고 나면 두 챕터씩 써야 한다는 사실을 안다. 집에 돌아와 컴퓨터를 쳐다보고 있으면 그냥 늘어져 텔레비전이나 보고 에너지를 아끼고 싶다는 생각이 든다.

하지만 그는 늘 삶의 규칙을 따르기 때문에 그 규칙을 깨지 못하고, 따라서 소설을 써야만 한다. 사실, 이미 정해놓은 일정이기 때문에 하루 종일 마음의 준비를 하고 있었다. 앉아서 간신히 두 챕터를 마치고 지쳐서 잠자리에 들지만 만족스럽고 뿌듯하다.

그의 소설도 상당한 진척을 이루었다. 금세 소설책 한 권을 다 썼으며, 그 성취감은 일을 마치고 지친 몸으로 소설을 쓰는 데 쏟았던 에너지만큼의 가치가 있다.

규칙이 완수에 도움이 되는 이유는 당신의 시야를 제한

하기 때문이다. 소셜미디어를 기웃거리게 만드는 바로 그 의사결정권이 사라지면 어쩔 수 없이 완수라는 유일한 선택을 따르게 된다.

이 장은 당신이 갈림길에 설 때마다 따를 수 있는 규칙의 묶음인 종합적 선언문을 만드는 것에 관한 장이다. 그 규칙들은 당신을 독려하며, 올바른 방향으로 안내하고, 의지가 고갈되지 않도록 해줄 것이다.

여기 참고할 만한 규칙들이 몇 개 있다.

첫 번째 규칙: 자신을 평가하라

●

첫 번째 규칙은 자신에게 다음과 같은 질문을 던지는 것이다.

"게으르거나 두려워서 포기하려는 게 아닐까?"

이런 질문은 자신이 능력이나 재능이 없어서 행동하지 않는 것이 아니라 쉽게 빠져나갈 구멍을 찾고 있었다는 점을 분명히 한다.

이 사실을 인정하고 싶은가? 자신이 게으르거나 두려워하고 있다는 사실을 직시하면 더는 그러고 싶지 않게 된다. 즉, 게으름뱅이이자 겁쟁이인 자신의 엉덩이를 스스로 걷어차며 행동하게 만드는 것이다.

당신의 앞길을 막는 장애물은 두려움과 게으름뿐이라는 사실을 알아차리면, 그게 얼마나 한심한 일인지 깨닫고 극복하게 된다. 그러니 행동을 망설이는 이유가 게으름이나 두려움 때문은 아닌지 자신에게 물어보는 규칙을 세워라.

당신이 한 달 아에 아주 많은 프로젝트를 수행해서 일정한 액수의 돈을 모으려는 목표를 세웠다고 치자. 하지만 일이 어렵고 스스로 동기부여가 약해지고 있다고 느낀다. 일을 멈추고 며칠 쉬고 싶다. 자신에게 물어라.

"그냥 게으름 피우는 거 아니야?"

그러면 정신이 번쩍 들면서 다시 움직이게 된다. 일을 하고 나면 스스로 할 수 있는 최선을 다했다는 것을 알기에 자신이 더욱 자랑스러울 것이다.

두 번째 규칙:
과제는 3개까지만!

●

두 번째 규칙은 하루 최대 세 가지 일에만 집중하는 것이다. 최대한, 딱 세 개. 부담스럽거나 혼란스러우면 일을 완수하는 능력이 사라진다. 가끔은 영리하게 계획을 짜지 못했기 때문에 원하는 바를 완수하지 못하기도 한다. 스스로 너무 많은 과제를 부여하고 압도되기도 한다.

하지만 이 규칙을 적용하면 하루 세 가지 일에만 집중하게 하므로 그런 문제에서 벗어날 수 있다.

전날 밤 무엇을 할지 결정하고 집중할 일을 세 가지로 줄이는 방법을 계획하라. 논리적으로 계획을 세우고 감정적으로 반응하지 않도록 그 세 가지에만 집중할 준비를 하라.

과제를 중요한 세 가지로 제한할 때 마주치는 문제는 그것들을 구분하는 일이다. 구체적으로 말하자면, 당신은

중요한 일과 급한 일

을 구분하는 법을 배워야 한다. 완수해야 하는 중요한 일은 세 가지 안에 포함되지만 급한 일은 그렇지 않다.

중요해 보이는 급한 일들 때문에 스트레스를 받지만, 그것들은 실제로 중요하지 않거나 우선순위가 아닐 수도 있다. 진행 상황이 궁금해서 보채는 고객을 위해 급하게 시간을 내야 하는 상황이 이런 예가 될 수 있다.

한편, 마감 기한 내에 고객에게 프로젝트를 전달하는 일은 중요한 일에 속한다. 당신이 다룰 모든 의제는 중요하고 급해 보이기 때문에 제대로 구분해서 그에 따라 계획을 짜야 한다.

비슷하게, 분주해 보이지만 아무 도움이 되지 않는 쓸데없는 행동과 의미 있는 행동을 구분하라. 책상 주변에 서류가 놓인 위치를 옮기는 행동은 쓸데없지만, 일을 마무리하기 위해 서류를 작성하고 프로젝트를 진행하는 것은 의미 있는 행동이다. 정말 중요한 것을 우선순위에 둬라.

자신의 중요한 과제를 정해야 하는 상황에서 이 규칙을

어떻게 적용할 수 있을까? 당신이 사업을 위해 해야 하는 업무가 다섯 가지라고 가정해보자. 그중 두 가지는 단지 급하기 때문에 중요해 보일 뿐이라면, 나중에 집중하라.

집중할 세 개의 과제를 고르고 어떤 것에 제일 먼저 집중할지 평가하라. 전날 밤 해야 할 일 목록에 있는 그 세 항목을 보고 그 일을 끝내려면 실제로 어떤 행동을 해야 할지 정한 다음, 가장 중요한 것부터 시작하라. 다음 날이 되면 첫 번째 과제를 위해 행동하고, 그런 다음 두 번째, 마지막으로 세 번째 과제를 해결하라. 멀티태스킹은 멀리하고 반드시 한 번에 한 가지씩 마쳐야 한다. 하루 안에 당신은 현실적인 속도로 세 가지 중요한 과제를 완수하게 될 것이다!

세 번째 규칙: 한계와 요건을 만들어라

●

세 번째 규칙은 실행에 관한 것이다. 몸에 배어서 더 잘 완수할 수 있도록 실제로 따를 수 있는 행동 지침을 만들어라. 지침을 구체적으로 적고 잘 보이는 장소에 붙여라. 매일 전부 지킬 수는 없겠지만, 그 지침을 실제로 생각하며 적는 데 시간을 들이면 적어도 완수할 가능성을 높일 수 있다.

1. 그 지침은 당신이 실제로 솔선해서 과제를 마칠 수 있도록 매일 하는 작업에 대한 '한계'나 '요건'을 만드는 데 초점을 맞춰야 한다.

이 규칙은 당신이 정말 필요로 하고 원하는 것이 무엇인지 결정하고 성취하고 싶은 것을 분석하게 만든다. 기본적으로 자신이 궁극적인 목표를 향해 어떻게 나아가고 있는지 점검하고 평가하기 위해 숨을 고르게 될 것이다. 그렇게 하면 당신의 목표에 더 집중하고 그것을 분명히 하는 데 도움이 된다.

또한 이것은 자신이 가진 직업정신work ethic의 일부분이 된다. 무언가를 달성하려는 계획을 세울 때, 그 프로젝트를 완수하는 데 필요한 규칙을 갖게 되는 셈이다.

2. 매일 지켜야 할 한계와 요건을 각각 5개씩 정하라. 명확한 문장으로 '하지 말아야 할 일'과 '해야 할 일'을 적어라.

한계는 상대적으로 이해하기 쉽다. 방해와 유혹을 제한하는 것이다. 요건을 정할 때는 당신이 슈퍼맨이나 슈퍼우먼이 아니란 사실을 이해해야 한다. 그래야 지나친 부담이 되지 않는다.

대신 더 영리하게 일하고 합리적으로 충족할 수 있는 다섯 가지 요건을 정하라. 항상 이 규칙을 지키지는 못하더라도 자신을 위한 지침을 마련하게 된다. 덧붙여, 당신이 당면한 매일의 과제가 무엇인지 명확하게 이해하게 된다.

예를 들어, 하루에 1시간 이상 텔레비전 보지 않기, 페이스북 1시간 이내로 하기, 점심시간 1시간 넘기지 않기 등은 한계이다. 한편, 하루 최소 30페이지의 독서, 점심 식사 전 적어도 4시간 일하기, 퇴근 전까지 하루에 총 8시간 근무는 요건이다.

네 번째 규칙:
의도를 다시 확인하라

●

네 번째 규칙은 첫 번째 규칙과 꽤 비슷하다. 이 규칙은 완수하느냐 마느냐를 결정하는 갈림길에서 필요하다. 스스로 목표가 무엇인지, 왜 달성하려고 했는지를 상기함으로써 의도를 다시 확인하게 해준다.

그만두느냐 완수하느냐 고민 중일 때, 자신에게 다음 세 가지를 물어라. 대답을 어딘가에 적어두면 다시 살펴볼 수 있어 더 좋다.

"내가 원하는 것은…"
최종 목표와 거기서 (무엇을) 얼마나 얻을 것인지에 대한 답이다. 이유와 동기부여가 무엇인가? "부자가 되고 싶어서"처럼 자기가 가진 외적, 내적 동기 요인을 꾸준히 상기하라.

"내가 하려는 것은…"

최종 목표에 도달하는 방법과 도달하기 위해 해야 하는 모든 일에 대한 답이다. 이 진술은 지금 하는 일이 완수를 위해 얼마나 필요한 부분인지, 그리고 그것이 최종 목표와 어떤 방식으로 관련이 있는지를 당신에게 상기시킨다.

목표 지점에 도달하기까지 반드시 과정이 있기 마련이다. 당신이 정말 어떤 행동을 취해야 하는지 알려면 이 진술을 구체적으로 작성하는 것이 도움이 된다. 예를 들면, 스스로 이렇게 말하는 것이다. "(내가) 부자가 되고 싶다면 이 프로젝트를 마치고 다른 프로젝트도 열심히 해야 해!"

"내가 하지 않을 것은…"

최종 목표를 향해 가는 데 방해가 되므로 해서는 안 되는 일에 대한 진술이다. 한눈팔기, 유혹, 자제력 부족, 미루기뿐만 아니라 다른 파괴적이고 쓸데없는 행동을 포함한다.

당신이 목표를 향해 나아가지 못하게 방해하는 일들이 너무나 많다. (스스로에게) 이렇게 말하라. "(내가) 부자가 되길 바란다면, 소셜미디어에 한눈을 팔면서 소셜미디어를 일보다 우선시하지 않을 거야!"

이 개념을 실제 살면서 놓일 법한 곤란한 상황에 적용해

보자. 직장에서 급여 인상에 필요한 인증 프로그램을 완수하려면 해야 할 일이 너무 많아서 여가를 보낼 시간이 거의 없다. 심기가 불편해진 당신은 인증 프로그램을 포기하려고 하면서 이렇게 생각한다. '에이, 될 대로 되라지.' 어쨌든 이미 직장에 다니고 있는데 더 발전할 필요가 있을까?

이런 생각이 드는 것은 완수의 갈림길에 서 있기 때문으로, 이 규칙을 적용할 때다.

규칙대로 세 가지를 읊어라.

"나는 직장에서 돈을 더 많이 벌고 싶다. 그래서 더 좋은 집, 더 좋은 미래의 가족을 얻을 수 있기를 바란다."

"돈을 더 많이 벌어서 더 좋은 곳으로 이사하고 싶다면, 직장에서 급여를 인상받기 위해서 이 인증 프로그램을 끝내야 한다."

"돈을 더 많이 벌어서 더 좋은 곳으로 이사하고 싶다면, 단순한 유혹과 게으름 때문에 프로그램을 마치려는 노력을 그만두면 안 된다."

이는 처음부터 끝까지 자신이 하려는 바를 단지 진술하는 것일 뿐이다. 알아차렸겠지만, 반복이 완수를 돕는 행위이며 지금 하는 일을 의식하는 것이 (완수의) 핵심이라는 점이 이 책에서 계속되는 조언이다. 의도가 아무리 멋져도 그걸 잃어버리면 무슨 소용인가?

당신의 최종 목표와 그곳에 도달하기 위해 밟아야 하는 단계, 그리고 해서는 안 되는 일과 관련된 이런 질문을 꾸준히 할 때, 모든 것이 아주 명확해질 것이다.

다섯 번째 규칙: 10-10-10 법칙으로 생각하라

●

어떤 욕구나 유혹에 굴복할 것 같은 순간이 오면, 그때부터 10분, 10시간, 10일 뒤에 어떻게 느낄지 자신에게 물어보라.

이 법칙은 아주 대단해 보이지는 않아도 효과적인데, 스스로 당신의 미래를 떠올려보게 만들 뿐만 아니라 그 행동이 미래의 자신에게 (좋든 나쁘든) 어떤 영향을 미칠지까지 생각하게 만들기 때문이다. 순간적으로 의지가 약해지거나 해가 되는 행동을 하고 있다는 사실을 알면서도 그 행동을 멈추지 못하는 이유는 대체로 결과를 감당하게 될 미래의 자신과 연결 짓지 못해서다.

왜 시간 간격이 10분, 10시간, 10일로 늘어나는지 궁금한가? 순간의 쾌락이 장기적으로 어떻게 연결되는지 깨닫게 해주기 때문이다. 10분 뒤에는 기분이 좋을 수 있지만 아마 조금씩 부끄러워지기 시작할 것이다. 10시간 뒤에는 대개 후회하면서 부끄러워할 것이다. 10일이 지나면 당신이 내린 결정이나 한 행동이 장기적인 목표에 어떤 부정적인 결과를 미치는지 뼈저리게 깨달을 것이다.

다른 한편, 그 시간이 앞으로 10일 뒤에도 차이를 만들지 않는다는 사실을 알게 될지도 모른다. 그런 경우라면 죄책감이나 부끄러움 없이 조금은 즐길 수 있다.

운동을 빼먹고 동료들과 회식에 갈지 말지 결정할 때 이 규칙을 적용한다고 생각해보자. 운동을 막 시작해서 아직 꾸준히 하는 습관이 생기지 않았다면, 앞으로 운동을 빼먹거나 아예 그만둘 확률이 높아질 수 있다. 10분, 10시간, 10일 뒤에 어떻게 느낄까? 10분 뒤라면, 살짝 후회는 되지만 아직 라자냐와 아이스크림을 맛있게 먹고 있는 중이니 괜찮을 것이다. 10시간 뒤에는 거의 후회할 것이다. 어느새 즐거움은 사라지고 다이어트는 제대로 망해버린다. 10일 뒤에는 100퍼센트 후회할 것이다.

흐지부지된 규칙은 이제 아무 의미도 없고, 그저 희미한 기억 속에 남아 있을 뿐이다. 라자냐가 주는 기쁨은 한순간이지만 그 대가는 영원하다.

반면 꾸준히 운동하면서 즐거운 습관으로 굳어졌다면, 한 번쯤 빼먹는다고 해서 10일 뒤에 당신의 자제력과 목표에 장기적으로 해가 되지 않는다는 사실은 금방 알 수 있다.

규칙 때문에 동요하거나 의지만으로 이러지도 저러지도 못하는 상황에 빠졌을 때, 마지막으로 이런 질문을 덧붙일 수 있다.

"지금 의지가 꺾이면 10주 혹은 그보다 더 오랜 시간 뒤 어떻게 될까?"

장기적인 결정과 과제의 경우 기한을 10주로 바꾸고 싶을 수 있다. 이 과정에서는 스스로 정직해야 할 뿐만 아니라 합리화하고 변명하는 자신의 능력을 경계하는 것이 매우 중요하다.

예를 들어, 당신이 어떤 중독 행위를 그만두려고 과거 여러 차례 노력했지만 실패하고 해로운 행동만 강화됐을 수 있다. 규칙을 단 한 번 어기고 나쁜 습관에 빠진 적이 있다면 10일 뒤(혹은 10주 뒤) 어떤 기분이 들었는지에 대한 정직한 평가는 당신이 장기적 목표를 달성하려고 할 때 그냥 지금 규칙 한 번 어기는 문제로 끝나지 않는다는 사실을 알려줄 것이다.

참고! 자신에게 솔직하지 못한 데다가 합리화와 변명의 실체를 꿰뚫는 능력도 없다면 이 규칙을 적용하는 것은 헛짓일 수 있다.

여섯 번째 규칙:
딱 10분

●

마지막 규칙은 단순하고, 쉽고, 강력하다. 완수에 방해가 되는 어떤 부정적이고 해로운 일을 하고 싶다면

10분만 기다려라.

이 방법은 단순하고, 논쟁과 변명의 여지를 남기지 않는다. 어떤 욕구를 느낄 때 그 욕구가 무엇이든 굴복하기 전에 10분만 참아라. 10분 뒤에도 여전히 원한다면, 취하라. (혹은 10분 더 기다려보거나. 이미 10분을 기다렸지만 괜찮지 않았나!)

그냥 기다리기로 하면서 당장 만족하는 것에서 "당장"이라는 부분을 없애면 그 자리에 자제력이 자라난다. 그러면 의사결정 능력이 향상될 수 있다.

마찬가지로 어떤 유익한 행위를 그만두고 싶은 기분이 든다면? 10분만 참아라. 같은 사고방식을 다른 쪽으로 적용하

는 것이다. 10분은 아무것도 아니다. 따라서 어렵지 않게 기다리거나 지속할 수 있다. 일단 한 번 그렇게 하면 그 이후로 반복하기 쉽지 않은가? 즉, 갈림길에 설 때마다 '10분만 참아보자'라고 스스로 말하는 것이다.

이 규칙의 또 다른 미덕은 목적의식이 있는 좋은 습관이 점차 늘어난다는 점이다. 스스로 10분 동안 어떤 생산적인 일을 하게 만든다면, 결국 15분이나 20분까지도 더 해낼 수 있다. 그러면 인내심이 향상되어 다음에는 유혹과 방해를 더 잘 견딜 수 있을 것이다. 그다음에는 6분에서 7분 더 참을 수 있게 될지 모른다.

산만하다고 느껴질 때마다 몇 분씩만 더 의지를 발휘하라. 그럴 때마다 의지력이 향상되면서 안정적으로 더 잘 완수할 수 있게 될 것이다. "딱 10분만 더"를 몇 번 반복하면 추진력이 생기는 수준에 도달할 것이고, 그러면 보통 충분히 몇 시간 지속할 수 있다.

간단 정리

● 선언문이란 매일 따르는 규칙의 모음을 말한다. 규칙이 싫을 수도 있다. 하지만 규칙은 불확실한 짐작 대신 따를 수 있는 지침을 제공한다. 규칙은 선택의 여지를 남기지 않기 때문에 옳고 그름을 분명하게 만들어 완수에 도움을 준다.

● **첫 번째 규칙:** 게으름을 피우고 있는가? 그렇다면 스스로 게으름뱅이라 규정하고 싶은가?

● **두 번째 규칙:** 하루에 해야 할 중요한 과제는 최대 3개다. 중요한 일과 급한 일, 단순히 쓸데없는 행동들을 구분하라.

● **세 번째 규칙:** 자신을 위한 한계와 요건을 정하라. 이것들이 해야 할 일의 경계를 벗어나지 않게 해줄 것이다. 좋은 습관도 기를 수 있다.

● **네 번째 규칙:** 가끔 우리는 무엇을 달성하고 싶었는지 잊어버린다. 따라서 "내가 원하는 것", "내가 하려는 것", "내가 해서

는 안 되는 것"이 무엇인지 되뇌며 의도를 재확인하라.

● **다섯 번째 규칙:** 10분, 10시간, 10일의 미래를 동시에 내다보려고 노력하라. 완수하지 않을 때 벌어질 일을 알고 싶은가? 미래의 자신을 희생해 현재의 자신을 만족시킬 만한 가치가 있는가? 아닐 것이다.

● **여섯 번째 규칙:** 겨우 10분이다. 그만두고 싶다면, 딱 10분만 더 해보라. 하고 싶은 걸 참아야 한다면, 그것도 딱 10분만 기다려보라.

4장.
완수를 위한 마인드셋

FINISH
WHAT YOU START

완수는 100퍼센트 정신의 문제다. 무언가를 완수하려면 인지적 노력이 드는데, 특히 장애물을 만나 좌절할 때 그렇다. 마인드셋은 그런 상황에 도움이 된다.

마인드셋이란 무엇일까? 바로 상황과 문제를 시각화하고 접근하는 방식이다. 명확한 마인드셋은 시작한 일을 끝마치는 데 필요한 의지와 동기부여를 찾는 역할을 한다.

자기발전에 방해가 되는 마인드셋을 가진 제럴드의 사례를 살펴보자. 제럴드는 자기 사업에 대한 좋은 아이디어가 많았다. 그는 단호한 성격을 가졌으며, 언젠가 스티브 잡스처럼 유명하고 돈 많은 기업가가 되겠다는 희망을 품고 있었다. 누구나 쉽게 성공하지 못한다는 것은 알고 있었지만, 성공하기 위해 불편한 상황을 얼마나 견뎌야 하는지는 몰랐다.

그가 사업을 위해 실제로 노력하기 시작했을 때, 여러 두려운 상황에 맞닥뜨리게 됐다. 예를 들면, 그는 자본을 투자해야 했는데, 돈을 잃고 원금을 영원히 회수하지 못하면 어쩌나 겁이 났다. 이런 두려움은 제럴드를 불편하게 만들었다.

또한 사업에 추가로 투자하기 위해 쓸데없는 비용과 사치품에 대한 지출을 줄여야 하는 상황이 탐탁지 않았다. 살면서 익숙하게 누리던 사치를 포기하는 게 너무 불편해서 참을 수가 없었다.

제럴드는 불편한 상황에 익숙해지지도, 자신을 두렵게 만드는 새로운 일들을 받아들이지도 못한 채 지쳐갔다. 마침내 그는 기업가의 삶은 가치가 없다고 결론 내렸다.

제럴드는 아이디어만 있었지, 현실에 대한 준비는 없었다. 사업이라는 것이 언제나 꽃길만 걷는 일이 아니라는 사실을 알고 포기했다. 꿈꾸던 회사를 창업해 제2의 스티브 잡스가 되려는 시도는 그만두고, 하기 싫던 예전 일로 돌아갔다.

자신에게 편하다는 게 이유의 전부였다.

그는 결코 충분히 노력하지 않았고, 결국 꿈에 닿지 못했다.

간단히 말하자면, 제럴드의 마인드셋은 부정적이었다. 그는 꿈꾸던 일을 하는 과정에서 반드시 발생하는 불편함을 해소하려고 하지 않았고, 약간의 불편한 희생조차 거부했다. 그는 (미래에 그를 만족시킬) 미지의 세계보다 (지금 자신을 만족시키지 못한) 익숙함을 선호했다.

이런 마인드셋은 그가 나쁜 면만 따지고 희생할 가치가 없다는 관점에서 상황을 바라보게 했다. 부정적인 면에 집중한 그는 불편해하면서도 그것을 해결하려고 하지 않았다.

제럴드의 마인드셋이 달랐다면 성공했을지도 모른다. 그러나 빈약하고 융통성 없는 사고 과정mental habit이 그를 잘못된 방식으로 이끌었기 때문에, 그에게는 성공에 대한 약간의 희망조차 남지 않았다. 잘못된 방식으로 문제에 접근했고, 결국 포기했다.

그가 불편함을 편하게 받아들이기로 결심했다면, 어느 시점에 그저 힘들다고 포기하지 않았을 것이다. 희생과 미지의 두려움을 감내하며 불편함에 적응할 수도 있었다. 그리고 이를 통해 사업의 토대를 더 잘 닦아 한 사람의 기업가가 될 수 있었을 것이다.

마인드셋1:
모든 일에는 의미가 있다

●

시카고교육개혁협회Chicago Consortium on School Reform는 (교육
전문가들이 늘 그러는 것처럼) 공부가 점점 어려워지더라도 버
티도록 학생들에게 동기를 부여하라고 말한다. 이때 세 가지
사고방식이 학생의 성공에 기여하는데, 이것들은 어른의 삶
에도 쉽게 적용된다.

첫 번째 사고방식은 열심히 노력하면 반드시 개선될 것
이라는 신념이다.

일이 얼마나 어려워지든, 자신이 원하는 그 결과를 얻게
해주는 것은 다름 아닌 자신의 노력이다. 다른 모든 것은 운에
서 비롯된 것이고 노력은 필요조건이다. 물론, 열심히 노력한
다고 전부 다 극복할 수는 없지만, 노력이 빠져서는 안 된다.

두 번째 사고방식은 당신이 학교에 있는 다른 사람들과
마찬가지로 자격이 있다는 자신감을 갖는 것이다.

여기서 학교는 당신이 성장할 수 있는 곳이다. 당신이 있는 곳이 어디든 상관없다. 이 사고방식의 핵심은 자신감을 가지고 자기가 다른 사람만큼 괜찮다고 믿는 것이다.

기본적으로 자신의 능력과 자신에게 찾아올 기회를 믿어야 한다. '나는 다른 사람만큼의 자격이 없다'는 생각처럼 스스로 발목을 잡는 자기제한적 믿음은 금물이다. 당신도 회의에서 가치 있는 정보를 제안할 수 있고, 고객 응대 능력이 회사의 다른 직원 못지않다고 믿어야 한다.

마지막 사고방식은 당신이 하는 일이 가치 있으며 목표를 달성하는 데 도움이 된다는 믿음을 간직하는 것이다.

목표에 도달하는 데 이롭거나 도움이 되지 않는다고 여기면서 왜 그 일을 하는가? 당신이 그러고 있다면, 이 책에서 하는 얘기는 전부 쓸모없는 내용이 될 것이다.

어떤 일을 하는 이유와 그 일이 달성하고자 하는 전체 목표에 어떻게 들어맞는가를 이해하는 것은 더 의미 있다. 어떤 노력이 나를 특정 지점에 도달하게 해준다고 생각하면 그만두지 않을 것이다. 맞게 가고 있는지 확인하려고 즉각적인 보상을 따지며 목표 완성을 확인할 필요도 없다. 당신이 지금 잘하고 있다고 느끼게 해주기 때문에 각각에 가치를 부여하고 그것들이 주요 목표와 어떻게 연결됐는지 기억하는 것은 매우 중요하다.

당신이 하는 모든 일에 의미가 있기 때문에 당신이 취하는 모든 행동도 가치 있다. 학위를 따기 위해 듣고 있는 수업이 무의미하다고 느낄 때 이런 사고방식을 적용할 수 있다. 그것이 가치 있다는 사실을 기억하라. 수업을 들어야 학교를 졸업하고, 졸업을 해야 관심 있는 분야에서 꿈꾸던 직업을 갖게 될 것이기 때문이다.

이런 사고방식들은 당신의 일에 가치와 의미를 부여하기 때문에 도움이 된다. 그리고 완수를 향해 나아가는 과정 속에서 실행을 통해 자신이 달라지고 있다는 기분을 느낄 수 있다.

마인드셋2:
불편함은 곧 사라진다

●

또 하나의 중요한 마인드셋은 성공으로 가는 길이 때로는 극도로 불편하기 때문에 그 불편함에 익숙해져야 한다는 사실을 믿는 것이다.

당신은 익숙하지 않은 새로운 일을 해야 하므로 완수의 과정은 절대로 편하지 않다. 새롭던 일에 익숙해지고 완수를 포기하지 않으려면 불편함에 대한 면역력을 갖춰서 부정적인 상황이 빚어내는 부정적인 영향력을 최소화해야 한다.

때때로 당신을 성공으로 이끌어줄 불편을 피하고 싶은 기분이 들 때가 있다. 피곤해서 시간 외 근무를 피하려고 하거나 긴장하기 싫어서 새로운 사람과의 대화를 피하고 있을 수도 있다.
당신은 잠깐의 불편을 피하려고 성공으로 가는 길을 적극적으로 차단하고 있는 것이다.

불편한 것을 피하려는 본능을 극복하는 것이 중요하다. 변화는 늘 불편하다. 하지만 성공으로 이끄는 마법의 법칙에서는 뭔가 다르게 행동하는 것이 핵심이다. 익숙함에서 벗어나 새로운 일을 시도하라. 새로운 행동을 하고, 새로운 기술을 배우려고 노력하고, 새로운 사람들과 얘기하고, 잘 못하는 새로운 행동이 익숙해져서 그것을 잘할 때까지 연습하라. 익숙하지 않아 불편해도 이것이 자신의 지평을 넓히고 성공하는 유일한 방법이다.

당신을 불편하게 만드는 그 일을 더 많이 할수록 그 불편함에 더 익숙해질 것이다. 당신은 불편함이 그 상황과 함께 곧 사라질 일시적인 감정이라는 사실을 알게 될 것이다. 불편함에 대한 대가로 얻는 것은 불편함의 크기를 훨씬 뛰어넘는다. 불편함이 실제로 당신에게 상처 주지 못한다는 사실을 깨닫게 되면 불편함을 그렇게 두려워하지 않게 될 것이다.

반대로, 익숙한 일만 하면서 편안한 상태에 머무는 것은 좋지 않다. 이는 자기를 위로하며 안주하는 방식이다. 늘 하던 일만 한다면 변화를 만들어내지 못할 것이다.

그저 약간의 변화와 불편을 감수하기 싫다고 포기하지 말 것. 불편함은 단지 당신의 본능적 공포가 발동한 것으로, 실제로는 당신을 다치게 할 수 없다. 그러니 거기에 익숙해지는 것이 좋다.

당신은 집에만 있으면서 새로운 사람들을 만나지 않기로 선택할 수도, 밖으로 나가 당신이 목표에 도달하도록 도와줄 수 있는 소중한 관계를 맺을 수도 있다. 새로운 언어는 절대 배우지 않겠다고 다짐할 수도 있겠지만, 새로운 언어를 배우면 해외에서 일하는 흥미로운 경험을 하거나 통번역 분야에서 돈을 많이 주는 자리를 얻는 것처럼 수익성 있는 새로운 기회를 발견할 수도 있다. 꾸준히 어학원에 다니며 새로운 사람과 소통함으로써 자신의 컴포트존에서 벗어나는 감각에 조건화되고, 결과적으로 불편해지는 데 익숙해질 것이다. 그러면 더는 불편함에 두려움을 느끼지 않고 인생을 살며 긍정적인 변화에 개방적인 태도를 지니게 될 것이다.

매일 계속해서 자신을 독려하고 익숙하게 느끼는 영역의 범위를 확장하기 위해 새로운 일을 시도하면서 당신이 꿈꿨던 삶을 살아라.

마인드셋3:
노력은 탐구의 과정이다

●

이 마인드셋은 완수를 향해 가는 과정이 곧 자신을 이해하고 평가하는 과정이라는 의미를 담고 있다. 자신의 발전에 기초해 스스로 테스트하고 점수를 매겨보자. 포기는 자동 실패다.

반면에 뭔가를 끝냈다면, 그 자체로 시험을 완벽하게 치른 것이다. 당신은 방법을 이해하게 되고 성과를 평가하게 된다. 또, 실패했다고 하더라도 다음에 다시 시도하고 더 잘해서 성공에 보탬이 되는 가치 있는 정보와 요령을 얻는다.

끝까지 해내야만 알게 되는 것들이 있다. 예를 들어, 우리가 끊임없이 갈구하는 정보와 지식은 우리에게 맡겨진 과업을 완수한 후에야 얻을 수 있다. 그렇지 않으면 일이 어떻게 돌아가는지 완전히 파악하지 못한다. 완수하면, 무언가를 해내는 데 필요한 것과 자기 자신에 대해 알게 된다. 완수하지 않으면, 완수하는 데 필요한 게 무엇인지 배울 수 없으며, 자신이 게으른 실패자라는 사실 말고는 아무것도 알지 못한다.

또, 당신은 효과가 없는 게 무엇인지 스스로 깨닫게 된다. 일을 끝까지 마쳤으나 아직은 성공적이지 못한 상태라고 하더라도 자신의 작업 내용을 평가하며 어디가 잘못됐는지 파악할 수 있다. 그러면 나중에 그 문제를 피할 수 있고, 결국 미래에는 더 성공적으로 완수할 수 있다. 인생을 더 나은 미래를 위해 교훈을 얻는 과정으로 바라보라.

자기 노력을 지식에 대한 탐구 과정으로 생각하면 난관들이 덜 힘들게 느껴질 수 있다. 실패해도 지식을 얻게 되므로 두려움이 사라진다. 문제에 직면했을 때 그냥 포기하는 경향도 줄어드는데, 포기하는 대신 그 문제를 피하는 방법을 배우고 싶기 때문이다.

당신은 어려움을 극복하기 위해 뭔가를 시도할 때는 어떤 일이 일어나는지 궁금해할 것이다. 완수하지 않으면 그 무엇도 알 수 없다. 따라서 당신은 용감하게 어려움을 뛰어넘는 마인드셋을 지녀야 한다.

이런 마인드셋을 갖출 수 있는 방법 중에 하나는 자신에게 질문하는 것이다.

"여기서 무엇을 배울 수 있을까?"

이 질문으로부터 지식에 대한 목마름이 생겨난다. 그리고 그것은 그 어떤 마인드셋과도 비교할 수 없는 큰 동기부여가 될 수 있다. 당신은 호기심이 생겨서 그 끝을 봐야 직성이 풀릴 것이다. 노력하며 얻게 될 경험을 위해 당신은 결국 끝까지 완수의 길을 가게 된다.

마인드셋4: 스트레스는 생각보다 힘이 세다

●

스트레스는 당신의 의지와 자제력의 수준에 영향을 미친다. 의식하지 못하고 있을 수 있지만, 스트레스받거나 불안한 순간에 해결할 수 있는 일이 얼마나 적었는지 떠올려보라. 그저 피곤하고 지쳤을 때는 더하다.

당신이 일하는 태도는 생각보다 섬세하다. 그렇기 때문에 이를 보호하고 스트레스를 해소하는 것이 중요하다.

한 연구에 따르면 시험 때문에 스트레스를 받은 학생은 적절한 식단과 충분한 수면, 운동과 같은 건강한 생활 습관을 소홀히 했다. 또 흡연과 카페인 섭취를 더 많이 했고, 감정 조절에 어려움을 겪었으며, 집안일, 자기관리, 약속, 소비에도 주의를 덜 기울였다.

이를 통해 다음과 같은 결론을 쉽게 내릴 수 있다.

정신 건강을 제대로 관리하지 못한다면 자제력과 의지는 빠르게 약해진다.

스트레스를 줄이는 생활 습관을 들여서 이런 상황을 예방하라. 매일 30분을 투자해

마음을 편안하게 해주는 활동을 하라.
친구를 만나라.
책을 읽어라.
음악을 들어라.
명상하라.
운동하라.
사람들과 포옹하라.
숲을 산책하라.

긴장을 풀고 뇌를 쉬게 하는 데 도움이 되는 것이면 무엇이든 상관없다. 할 수 있을 때 긴장을 풀고 자신의 전반적인 정서affect, 즉 당신이 느끼고 있는 감정과 종합적 기질을 의식하는 것은 중요하다. 왜인지 궁금한가?

부정적인 정서는 자기통제를 실패하게 만드는 가장 중요한 촉발 요인이기 때문이다.

예를 들어, 우울한 사람들은 즉각적인 보상을 가져다주는 특정한 것들을 갈구하며, 일을 미루거나 노력이 필요한 활동을 회피한다. 감정적인 스트레스는 즉각적으로 기분이 좋아질 수 있는 행동을 하도록 만들기 때문에 사람들은 형편없는 결정을 내리게 된다.

투사 편향project bias이 우리가 의식하지 못하는 사이에 매일 일어나고 있다는 사실은 엎친 데 덮친 격이다. 투사 편향은 사람들이 현재 감정을 미래의 감정에 거짓으로 투사할 때 일어난다. 당신이 우울하거나, 스트레스받거나, 피곤하다면 다음번에 무언가를 완수하고 끝내고 싶을 때도 그렇게 느낄 거라고 상상하는 것이다.

당연히 현재 감정과 미래 감정 사이에는 상관관계가 없지만 사람들은 둘 사이에 확실한 관계가 있다고 일상적으로 믿어버린다. 예를 들어, 배고프지 않을 때는 정크푸드가 나쁘다고 비난하면서도 배가 고플 때는 그 맛있는 게 말도 못 하게 당기는 상황 같은 것이다. 다이어트를 계획할 때는 아마 차분한 마음으로 큰 변화를 다짐할 것이다.

투사 편향을 무언가에 대해 현재 느끼고 있는 감정이 영원할 것이라고 여기는 과도한 열정이라고 생각해도 된다.

요점이 뭐냐고?

스트레스가 당신의 완수 능력에 주는 영향을 과소평가하지 말라는 소리다.

간단 정리

- 완수는 100퍼센트 정신의 문제다. 그러니까 체화하려는 마인 드셋을 언급할 필요가 있다.

- **마인드셋1:** 그것은 보람 있는 일이다. 열심히 노력해 어딘가 도달할 수 있다고 느낀다면, 당신은 다른 사람들과 마찬가지 로 자격이 있다. 또한 지금 하는 일이 전반적으로 목표에 영향 을 준다고 느낀다면 유지하기가 더 쉽다.

- **마인드셋2:** 불편함을 편하게 받아들여라. (혼자 하루 종일 텔레 비전이나 보고 싶은 게 아니라면) 바라는 모든 일에는 불편한 요 소가 있다. 따라서 당신이 두려움 없이 달려들 수 있도록 불편 함에 익숙해져라.

- **마인드셋3:** 완수 없이 배움도 없다. 무언가를 끝냈을 때에야 비로소 자신을 평가하고 오류를 바로잡을 수 있다. 정보 수집 마인드셋을 체화하라.

● **마인드셋4:** 스트레스와 불안의 해로움은 아무리 강조해도 지나치지 않다. 기분이 안 좋다는 것만으로도 생산성이 떨어지고 완수에 악영향을 미친다. 의식적으로 스트레스 수준을 관리하라.

5장.

미루기 끝내기의 과학

FINISH
WHAT YOU START

완수를 하려고 할 때 가장 큰 골칫거리는 미루기다. 어떻게 하면 이를 효과적으로 다룰 수 있을까?

　매들린은 큰 프로젝트 하나를 앞두고 있었다. 마감은 일주일 뒤. 마감을 맞추려면 하루에 15페이지 분량의 코드를 완성해야 한다. 하지만 아무리 애써도 어쩐지 일이 손에 잡히지 않는다. 그래서 작업을 미루기로 하고, 못 한 분량을 더해 다음 날 30페이지를 작업하기로 한다. 하지만 결국 그 30페이지도 못 해서 이제 45페이지를 작업해야 하는 상황이다. 코드는 하나도 작성하지 못했는데 마감이 코앞이다.

　그녀는 밤을 새우고 작업한 탓에 오류가 가득한 코드를 보낸다. 일이 밀리면서 코드를 제대로 처리할 시간이 부족해 힘들게 고생했다. 고객은 결과물에 퇴짜를 놓았으며 불만족 스러운 상태다. 매들린은 안 좋은 평가를 받았고, 그녀를 다시 찾는 고객은 없다.

미셸은 비슷한 종류의 일을 하고 있다. 그녀는 매들린과 달리 일을 미뤘을 때 닥칠 수 있는 어려움에 대해 잘 안다. 그래서 감당하기 수월한 적은 분량으로 일을 나누고, 날마다 할 수 있는 작업을 적어두고 할당량을 마칠 때마다 자신에게 보상을 한다. 보통 최소 15페이지에서 그 이상을 가능한 분량으로 정해두었다.

한 주를 마치면, 오류가 없는 코드를 취합해 고객에게 보낸다. 고객은 제대로 잘 돌아가는 코드에 만족하고 보수를 넉넉히 챙겨준다. 미셸은 별점 5개짜리 리뷰를 받았으며, 고객은 훗날 다른 작업도 기꺼이 맡기겠다는 의향을 보인다.

두 프로그래머의 차이는 미셸이 일을 미루지 않고 프로젝트를 성공적으로 마쳤다는 사실이다. 미셸은 결코 일을 미루는 일이 없도록 '유혹 묶기'라고 부르는 방식을 이용했다. 유혹 묶기 덕분에 코드를 작성할 시간뿐만 아니라 버그를 발견하고 수정하는 시간까지 확보할 수 있었다. 매들린은 이런 대비를 하지 못했고, 작업한 결과물은 형편없었다.

우리는 뭔가를 미루면 엄청난 스트레스를 받고 좌절을 겪을 뿐만 아니라 작업이 엉성해진다는 사실을 알고 있다. 우리는 미룬다는 것이 무엇인지도 잘 알고 있다. 하지만 이런 문제가 왜 마감 기한을 지키려 애쓰며 일을 잘하고 싶은 사람들에게 닥치는 걸까?

행동심리학에서 이에 대한 몇 가지 설명을 찾아볼 수 있다. 이런 자멸적 습관을 구성하는 주요 요소는 '시간 비일관성time inconsistency(어느 시점에 최적으로 보였던 행동이 이후에는 그렇지 못한 행동으로 판단되는 현상 - 옮긴이)'이라고 부른다. 시간 비일관성은 인간이 장기적인 보상보다 직접적이고 즉각적인 만족에 더 가치를 둘 때 나타난다.

당신에게 현재의 자아와 미래의 자아, 이렇게 두 개의 자아가 있다고 상상해보자. 이 두 자아는 서로 공통점이 없는 욕구를 가진 완전히 다른 사람이다. 목표를 정할 때 당신은 미래의 자아를 위한 계획을 세우고 있는 것이다.

미래 자아에게 뭐가 가장 좋은지 정하기는 쉽다. 앞으로 무엇이 필요하고 어떤 걸 바라는지 알기 때문에 이를 목표로 계획을 세우면 된다. 연구자들은 이상적인 미래의 현실을 계획하는 것은 꽤 쉽다고 말한다.

하지만 실제로 뭔가를 할 수 있는 것은 현재의 자아뿐이다. 목표를 실현하려면 당신의 현재 자아가 움직여야 한다. 그러나 안타깝게도 현재 자아는 당장의 보상을 원한다. 미래에 결과가 나올 때까지 기다리고 싶지 않다. 그래서 장기적 목표를 달성하기 위해 해야 하는 일을 회피하면서 지금 당장 보상을 주는 일에 마음을 뺏긴다. 예컨대, 돈을 벌기 위해 큰 프로젝트를 완수해야 하는 상황에서 낮잠을 자고 싶은 마음 같은 것이다. 당신은 현재 자신에게 즉각적인 만족감을 주는 낮잠을 선택할 것이다. 일이 아니라 낮잠을 선택함으로써 미래의 자신을 곤란한 상황에 빠뜨리는 행동을 한다.

미래의 자아는 현재의 과업이 끝난 뒤 미래의 어느 특정 시점에 보상받는 목표를 이루고 싶다. 현재의 자아는 지금 당장 보상을 원하고, 결국 미래의 자아가 장기적 보상을 받게 될 기회를 망친다.

시간 비일관성에 대응하는 가장 효과적인 방법은 미래의 장기적 보상을 현재로 가져오는 것이다. 그렇게 하면 당신의 현재 자아는 얻게 될 이익을 확인하면서 장기 프로그램을 계속 이어가길 바라게 된다.

하지만 현재 자아는 여전히 기다리는 걸 좋아하지 않기 때문에 보통 미래의 보상만으로 충분히 동기화되지 않는다.

유혹 묶기:
목표에 미끼를 달아라
●

유혹 묶기는 미루기를 끝장낼 수 있는 대단히 효율적인 방법이며, 현재와 미래의 자아, 그리고 각각의 욕구를 서로 결합함으로써 생산성을 향상시킨다.

유혹 묶기의 방식을 도입하면 현재의 자아가 미래의 자아를 방치하고 싶은 당장의 유혹을 줄여준다. 케이티 밀크먼 교수가 구상한 유혹 묶기는 미래의 보상을 좀 더 즉각적으로 만들어 미래 자아와 현재 자아가 가진 욕구를 섞는 방식이다. 즉, 현재 자아에 즉각적인 만족감을 선사하는 동시에 장기적으로 미래 자아에 이익이 되는 목표를 성취해 나가는 것이다.

이 방법은 생각보다 더 간단하다. 기본적으로, 장기적인 측면에서 긍정적인 (그러나 어려운) 행동이나 습관을 지금도 기분 좋게 느끼도록 만들 수 있다. 운동하면서 좋아하는 간식을 먹거나 텔레비전을 볼 수도 있고, 일하면서 따뜻한 물에 족

욕을 할 수도 있다. 이런 것들이 장기적 만족감을 현재로 불러온 예다.

미래 자아를 위해 뭔가를 하면서 현재 자아가 고통받을 필요가 없다. 고통스럽다고 생각하면 동기부여가 사라지면서 미루게 될 것이다. 그러니 장기적 목표에 당신을 위한 미끼를 달아라. 의무와 즉각적인 보상을 짝지으란 소리다. (참고로 밀크먼은 연구에서 참가자의 51퍼센트가 기꺼이 유혹 묶기를 실행한다는 사실을 발견했다.)

유혹 묶기는 미루는 버릇을 바로잡을 수 있는 효과적인 수단이다. 우선 두 줄로 목록을 작성해야 한다. 한 줄은 자신만의 길티 플레저guilty pleasure(죄책감을 주지만 좋아하는 행위나 물건 - 옮긴이)나 미끼가 되는 유혹들을 적고, 또 다른 줄에는 미래 자아를 위해 해야 하는 것들을 적는다. 그런 다음 두 목록을 조화롭게 엮을 수 있는 창의적인 방법을 찾는 것이다.

당신이 초콜릿, 서핑, 축구, 달리기를 좋아한다고 가정해보자. 해야 하는 일에는 업무, 숙제, 피아노 수업이 있다. 유쾌하지 않은 것들을 더 견딜 만하게 만들려면 어떻게 결합해야 할까?

추진력:
가장 쉬운 과제부터 시작하라

●

미루기를 물리치는 또 다른 방법은 조금씩, 부담 없이 분량을 늘리는 것이다. 실제로 당신은 과제를 아주 작게, 눈곱만 한 크기로 만들고 싶을 것이다. 이렇게 첫 단계를 엄청나게 수월하게 만들면, 미루는 버릇을 극복할 때 가장 힘든 단계를 넘을 수 있게 된다.

미루기를 당신이 넘어야 하는 하나의 거대한 벽이라고 생각해보자. 작은 자갈과 돌을 충분히 모은다면 간단히 걸어서 넘을 수 있을 만큼의 높은 단을 만들 수 있게 될 것이다. 몸통만 한 바위들을 모아도 같은 결과를 얻게 되겠지만, 그 과정은 훨씬 힘들 것이다.

진입 장벽이 대단히 낮아야 한다는 점을 반드시 명심해야 한다. 예를 들어, 작업을 95퍼센트 끝내고 5퍼센트를 남겼다가 그것을 다음 작업의 시작 과제로 삼을 수 있으며, 다음 작업을 부담 없이 시작할 수 있다. 이렇게 해서 관성을 깨고 앞으로 나아가는 동력을 얻을 수 있다. 프로젝트에서 더 어려운 일을 처리하는 동시에 나중에 할 수 있는 일을 만들며 추진력을 얻는 것이다.

수월하게 일을 조금씩 늘릴 때 중요한 점 두 가지가 있다. 먼저, 과제를 다루기 용이하게 작은 단계로 나눠야 한다. 한 번에 해결해야 하는 큰 덩어리로 바라보지 말라. 그보다는 A 지점에서 B 지점으로 이동하는 일련의 단계로 바라보라. 순간 일이 더 쉽고 할만해 보이면서 스스로 잘했다고 느낄 것이다.

예를 하나 들자면, 글쓰기는 단락당 100단어가 연속하는 프로젝트로 바라볼 수 있다. 당신이 100쪽을 써야 한다고 해도 그런 식으로 생각하지 말고, 짧은 단락으로 조금씩 단계를 밟는다고 생각하라. 꽤 많은 단락을 쓰다 보면 100쪽을 완성하게 될 것이다.

작은 과제들은 특히 꾸물거리지 않으면 정말 순식간에 처리된다. 따라서 뭔가 기념비적인 것을 만들고 궁극적인 목표에 도달하려면 작게, 정신적으로 부담 없도록 만들어라. (한

권의 책도 어쨌든 단어들의 집합이다!)

다음은 가장 쉬운 과제부터 시작하는 것이다. 얼핏 반직관적으로 들릴 수 있다. '어려운 일을 왜 전부 나중을 위해 남겨둬야 하지?'

시작 단계를 가능한 한 쉽게 만들어야 미루는 습관을 타파할 수 있다는 사실을 명심하라. 당신은 매일 해야 하는 과제가 간단한 할 일 목록들을 지워나가는 것만큼 쉽다고 스스로 설득하고 증명해 나가는 중이다. 더 어려운 과제를 해야 할 시점에 이르러서는 이미 많은 과제를 처리했기 때문에 처음보다 더 처리하기 쉽고 계속해서 극복할 수 있다고 느낀다.

관성은 당신이 가만히 있을 때 쌓이는 힘이다. 반면에 추진력은 당신이 모든 것을 마칠 때까지 계속 앞으로 나아가게 한다. 작고 쉬운 일들이 쌓이면서 그것이 가능해진다. 다른 어떤 것도 당신을 더 빠르게 나아가게 하지 못한다.

글쓰기의 예로 돌아가보자. 개요를 짜고 자료를 정리하는 것처럼 쉬운 부분을 어떻게 할지 고민하라. 수고가 가장 덜 드는 부분을 먼저 작업하라. 쉽고 간단하지만 많은 시간이 드는 대부분의 일을 끝내라. 글쓰기에서 가장 어려운 5퍼센트를 당신에게 추진력이 생기는 그 마지막 순간을 위해 남겨둬라. 그러면 그렇게 낙담스럽거나 좌절하지 않을 것이고, 따라서 이 글쓰기 과제가 현재 자신을 갉아먹는 엄청난 희생이라는 생각이 들지 않을 것이다. 목표를 달성하는 동안 고통받지 않을 것이고, 이는 현재 자아에게 일종의 기쁨이 된다.

생산적인 편집증:
위험요소를 고려하라

●

마지막 전략은 무엇이 잘못될 수 있는지 생각하는 것이다. '잘못될 수 있는 것'에 대해 과경계 상태로 있는 것은 빌 게이츠처럼 매우 성공하고 생산적인 사람들이 선택한 전략이다.

짐 콜린스는 《위대한 기업의 선택》에서 이 전략을 탐구했다. 그는 이 전략을 '생산적인 편집증productive paranoia'이라고 정의하고, 빌 게이츠 같은 사람들이 잘못될 수 있는 가능성을 편집증적으로 생각하는 모습을 보여준다. 이런 사람들은 늘 최악의 상황에 대비해 방책을 마련하고 그것을 피하고자 노력하면서 결국 아주 열심히 일한다. 그저 최악의 시나리오를 피하고자 자신의 프로젝트에 집중할 뿐이다.

결과적으로 두려움이 그들을 동기화해서 미루지 못하게 만든다.

편집증적으로 생각하면서 어떻게 잘못될 수 있는지를 질문하기 시작하라. 잘못될 가능성에 대비해 계획을 세우고, 특정한 어려움이나 문제를 피하기 위해 노력하라. 무엇이 잘못될 수 있는지를 생각하면 그렇게 되지 않도록 노력하게 된다.

결과적으로 그 상황에 대한

두려움과 과도한 걱정

이 당신을 더 생산적으로 만든다.

지금 이 순간 행동을 미룬다면 얼마나 손해를 볼지 반드시 당신 자신에게 물어라. 기회는 당신보다 진취적인 누군가에게 갈 것이다. 급하게 처리할 일이 많아서 기회를 그냥 놓칠 수도 있다. 성공이 직전인 상황에서 그게 얼마나 안타까운 일일지 생각하라. 손해에 대한 두려움이 당신을 움직일 것이다.

물론, 두려움은 유쾌한 동기 요인은 아니다. 하지만 효과가 있는데 이용하지 않을 이유가 있을까? 당신이 어떤 위험에 처해 있다고 생각하면 열심히 움직이게 된다. 미루기는 지루함이나 만족스러움, 안전한 느낌에서 비롯되기 때문에 이런 감정을 없애면 편집증적인 상태가 되어 나쁜 결과를 피하기 위해 열심히 움직이게 된다.

두려움은 유쾌한 동기 요인이 아니기 때문에 이 전략은 안전한 방식으로 조금씩 사용해야 한다. 지나치면 당신을 지치게 만들고 스트레스가 된다. 우리가 모두 알고 있듯, 스트레스는 당신이 일하는 태도에 해를 끼친다. 스트레스는 피하고 미루고 싶은 강렬한 유혹을 느끼기 시작할 때만 이 전략을 사용하라.

시작하면서 예로 들었던 매들린의 경우, 두려움을 이용해 발생할 수 있는 실수를 예상하고 매일 코드 작업을 하도록 스스로 동기화할 수 있었을지도 모른다. 두려움을 이용해 일정을 넉넉하게 확보하고, 코드를 짜며 오류를 확인할 수 있었을 것이다. 그녀는 발생할 수 있는 오류를 예상하고, 그런 오류를 잡아내어 수정할 시간을 확보하기 위해 매일 노력할 수 있었을지도 모른다.

● 미루기를 해결하는 방식은 시시포스가 돌을 굴려 올리는 모습과 비슷하다. 잠시 해결된 듯하지만, 매우 자연스러운 습성이라 완전히 없앨 수는 없다. 거기에는 전형적으로 시간 비일관성이라는 요소가 있으며, 이를 해결하려면 미래의 만족을 원하는 자아와 지금 당장의 만족을 원하는 자아, 이렇게 욕구가 겹치지 않는 두 자아를 절충해야 한다.

● 유혹 묶기는 미루는 습관을 끊어내는 효과적인 방법으로, 유쾌하지 않은 과제를 유쾌한 무언가와 묶는 것이다. 이것은 당신이 주로 시간 비일관성을 다루면서 두 자아를 동시에 만족시키는 방식으로 작동한다.

● 쉽고 작게 시작하라. 미루는 속성은 관성에서 빠르게 자란다. 따라서 일의 과정을 가급적 쉬운 움직임과 활동으로 만들어야 한다. 그러면 결국 관성의 반대인 추진력을 얻게 된다.

● 가끔은 미루려는 생각을 끝내기 위해 정신이 번쩍 드는 자극

이 필요할 때가 있다. 두려움과 생산적인 편집증은 당신에게 그런 자극이 될 수 있다. 당신이 치러야 하는 부정적인 대가가 너무 두려우면 분명 행동에 박차를 가할 것이다. 그러나 이 방법은 지나치게 자주 쓰면 안 된다.

6장.

자제력 테스트

FINISH
WHAT YOU START

이 장은 당신이 정신을 번쩍 차리게 해줄 것이다. 곧바로 실행할 수 있는 방법들로 가득하다.

　호들갑은 이쯤하고 바로 시작하자.

방해가 없는 공간을 만들어라

●

우리는 기분 전환이 자제력에 도움이 된다고 생각한다. 우리에게 의지력이 유한하다면, 휴식을 취하고 원기를 회복하며 충동과 유혹에서 주의를 돌리는 편이 낫다고 판단할 것이다.

스탠퍼드대학교 경영대학원의 바바 시브Baba Shiv 교수는 주의를 돌리는 것이 우리에게 어떤 영향을 미치는지 보여주는 연구를 수행했다. 시브 교수는 연구에서 참가자 중 한 집단에게만 전화번호를 기억하라고 요청해서 주의를 돌리고, 모든 참가자에게 초콜릿케이크와 과일 중 하나를 선택하게 했다. 그 결과 전화번호를 기억하려고 노력한 집단에서는 그렇지 않은 집단에서보다 50퍼센트 더 높은 비율의 참가자들이 초콜릿케이크를 선택했다.

여기서 결론은 집중력이 자제의 핵심이라는 사실이다.

당신의 집중력이 지속적으로 방해받게 되면 의지력을 발

동할 기회조차 얻지 못하고 유혹에 굴복하게 된다. 방해받지 않는다면 최선의 선택을 하는 데 최소의 저항만 받게 된다. 방해받은 주의력은 내가 모르는 사이 자제력을 좀먹는다.

이런 과정은 의식의 주변부에서도 계속될 수 있기 때문에 그동안 쏟아부었던 노력이 전부 허사가 될 때까지 자제력이 약해지고 있다는 사실을 알아채지 못한다.

슈퍼마켓 계산대의 상품 배치가 주의를 빼앗아 의지력을 고갈시키는 대표적인 예다. 마트를 돌아다니는 내내 건강한 상품을 골랐다고 하더라도, 계산대에서 당신의 주의를 끌기 위해 기다리고 있는 사탕, 초콜릿, 과자를 보지 않고는 마트를 벗어날 수 없다. 이때가 자제력이 가장 큰 시험에 빠지는 순간이다. 곧 마트를 벗어날 참이라 이미 다음에 할 일을 생각 중이고, 그런 상품들은 값도 저렴해서 고민 없이 바로 살 수 있기 때문이다.

이런 지식을 어떻게 활용하면 될까? 어수선한 환경에서 일하고 있다면 주변을 깨끗하게 정리하라. 책상을 깨끗하게 정리하면 마음을 정리하는 데 도움이 되고, 마음이 정리되면 자제력을 훨씬 더 잘 유지할 수 있다.

코넬대학교에서 진행된 한 연구가 "눈에서 멀어지면 마음에서 멀어진다"는 개념이 자제력을 향상하는 수단으로 사용될 수 있다는 사실을 지지하는 흥미로운 증거를 보여주었는데, 이는 책상에서 하는 작업 외에도 많은 분야에 적용된다.

연구 참가자들은 허쉬 키세스 초콜릿이 가득한 병을 하나씩 받고 책상 위나 2미터 정도 떨어진 곳에 두었는데, 병은 투명한 것과 불투명한 것 두 종류였다. 책상에 투명한 병을 둔 참가자들은 평균적으로 하루에 7.7개의 초콜릿을 먹었던 반면 같은 위치에 불투명한 병을 둔 참가자들은 하루 4.6개의 초콜릿을 먹었다. 병을 2미터 떨어진 곳에 두었을 때는 투명한 병을 둔 참가자들은 5.6개, 불투명한 병을 둔 참가자들은 3.1개를 먹었다.

놀랍게도 참가자들은 사실과 반대로 병이 멀리 떨어져 있을 때 더 많이 먹은 느낌이 들었다고 일관되게 보고했다. 이런 불일치는 중요한 정보인데, 여기에서 자제력을 향상하는 간단한 지침이 생기기 때문이다. 즉, 집중력을 방해하는 요소가 있는 작업 공간을 정리함으로써 게으름을 당신에게 유리하게 이용할 수 있다.

방해하는 것들을 완전히 잊을 수는 없겠지만, 유혹에 굴복하는 데 더 큰 노력이 들기 때문에 굴복할 가능성은 더 낮아진다. 게다가 그렇게 하면 의도와 정반대되는 자제력 저하 요소(뭘 하는지 의식하지 못하는 생각 없는 행위)가 제거된다.

병이 손에 쉽게 닿고 눈에 띈다면 생각 없이 과자가 든 병에 손을 뻗기 더 쉽다. 자제력에 도움이 되는 환경을 조성하려고 한다면 이런 종류의 시나리오는 피해야 한다. 과자가 든 병을 멀리 있는 책장에 놓아둔다면 유혹을 완전히 없애지는 못해도 유혹에 넘어가기까지 큰 노력이 요구된다.

이것은 큰 차이를 낳는다.

궁극적으로 당신은 자신을 위해 방해와 노골적인 유혹을 제거한 환경을 만들고 싶을 것이다. 최적화되지 않은 환경에서 비롯된 무분별하고 더 쉽게 유혹에 굴복하게 만드는 요소를 제거하면 자제하기가 매우 쉬워진다.

이런 원리는 당신의 책상, 작업 공간, 사무실을 비롯해 책상 위에 두고 쓰는 것들과 컴퓨터 화면에도 적용된다. 가능한 한 방해 요소들을 없애면 그것들을 쉽게 잊게 될 것이다. 당신이 자제력을 잃거나 권태에 빠지는 순간에도 계속 일하는 수밖에 달리 방법이 없을 것이다.

디폴트 효과

자제력에 도움이 되도록 최적화된 환경을 조성하기 위해서는 의사결정이 대부분 얼마나 자동으로 이루어지는지 이해해야 한다.

이와 관련해서 유럽 11개 국가에서 수행된 장기 기증자에 대한 연구를 살펴보자. 연구 결과, 자동으로 장기 기증자가 되고 거부하려면 따로 요청하도록 해야 하는 경우 장기 기증 참여율이 95퍼센트가 넘었다. 하지만 장기 기증자가 되지 않는 것이 기본 설정인 경우 11개국 중 가장 높은 장기 기증 참여율은 27퍼센트에 불과했다.

이 연구는 사람들은 노력이 가장 적게 드는 선택을 한다는 사실을 보여준다. 장기 기증에 대한 실제 의도나 바람과는 아무런 관련이 없었다.

더 바람직한 선택을 기본값으로 설정해두는 개념을 당신의 자제력에도 적용할 수 있다. 우리는 게으르기 때문에 바로

눈앞에 놓인 것에 만족스러워한다. 당신은 뭐든 당신에게 가장 이로운 선택을 쉽게 하고, 해로운 선택을 어렵게 만들 수 있다.

기본 선택지란 의사결정자가 아무것도 하지 않거나 최소한의 노력만 들여서 선택하게 되는 것이다. 다른 맥락에서 기본 선택지에는 규범적이거나 권장되는 것들이 포함된다. 셀 수 없이 많은 실험과 관찰 연구들은 기본 선택지로 설정해두면 선택될 가능성이 높아진다는 결과를 보여준다.

이런 현상은 디폴트 효과default effect로 알려져 있다. 뭔가를 결정할 때는 에너지가 들기 때문에 특히 익숙한 문제와 관련해서 결정을 내릴 때는 대개 기본적 설정값을 선택함으로써 에너지를 절약하며, 변화를 위한 결정을 피한다.

이런 기본적 결정을 최적화하려면 자제력이 발휘되기 좋은 환경을 만들기 위해 크게 노력해야 한다. 당신은 선택의 상당 부분을 스스로 통제하고 있다고 생각할 수 있지만, 사실은 그렇지 못하다. 대부분 행동은 환경에 대한 반응에 불과하다.

예를 들어, 소셜미디어에 정신이 팔려 산만하다면 애플

리케이션 아이콘을 뒤쪽 화면에 배치해서 다른 볼일을 위해 스마트폰을 볼 때마다 눈에 띄지 않게 할 수 있을 것이다. 평소 주의를 빼앗게 두는 대신 매번 사용하고 난 다음 로그아웃하거나 아예 삭제해서 꼭 필요할 때만 사용하는 방법도 있다.

만약 일하면서 무심코 휴대전화를 만지는 습관이 있다면 휴대전화를 엎어놓거나 잡기 불편한 곳에 멀리 떨어뜨려 놓을 수도 있다. 바이올린 연습을 더 하고 싶다면 책상 위에 악보를 펼친 채로 악기를 둬라. 치아를 더 깨끗이 하고 싶다면 치실을 가방, 화장실, 침대 옆 선반, 소파 등에 두는 거다.

의지는 아주 조금만 발휘하면서 더 자제할 수 있게 디폴트 효과를 활용하는 방법은 무궁무진하다. 또 다른 예를 들자면, 감자칩과 쿠키를 부엌 조리대에 두면 부엌을 지날 때마다 별로 배가 고프지 않을 때도 그것들을 먹는 것이 기본 선택이 될 것이다. 따라서 건강하지 않은 간식을 눈에 보이지 않게 하거나 아예 사지 않고 과일로 대체하면 과일을 먹고 건강하지 않은 간식을 피할 가능성이 곧바로 증가할 것이다. 운동을 더 하고 싶은가? 화장실 문틀에 철봉을 설치하라.

당이 들어간 탄산수나 주스를 냉장고에 두면 목이 말라 냉장고를 열 때마다 마시는 기회를 기본으로 설정하는 셈이다. 하지만 애초에 그런 선택지를 두지 않으면 물이나 차를 마시게 될 것이다. 비타민을 더 챙기고 싶은가? 손이 더 잘 가도록 칫솔 옆에 둬라.

사무실에서 온종일 앉아 있어서 허리가 안 좋다면 자주 일어나 걸어 다니면 좋을 것이다. 물을 계속 마셔서 어쩔 수 없이 화장실을 갈 수밖에 없게 하면 일어나 걸어 다니는 것이 기본 선택지가 될 것이다. 아니면 휴대전화에 알람을 맞춰서 떨어진 곳에 두고 알람이 울릴 때마다 끄기 위해 일어나도록 할 수도 있을 것이다.

결국 요지는 환경을 긍정적으로 변화시켜 의지력과 에너지를 아끼는 것이다.

환경을 변화시킬 때 가장 중요한 두 가지는 어수선함과 방해 요소를 줄이고 디폴트 효과에 기초해서 선택을 최적화하는 것이다.

주변 환경에서 방해 요인을 줄이면 정신을 맑게 할 수 있고, 그러면 집중도, 효율성, 생산성이 향상된다. 더구나 좋은 습관을 강화해 자신에게 도움이 되도록 도파민 보상 체계를 이용하는 동시에 분별없이 작은 쾌락을 좇던 행위도 줄일 수

있다. 결국 최소의 노력을 들여 바람직하고 유익한 선택을 할
수 있다.

이 모든 것들이 당신이 실제로 자제력을 꺼내 쓰는 상황
을 피하고 그 힘을 아껴서 매일 더 어려운 과제들을 해결하는
데 쓸 수 있게 해준다. 솔직히 피할 방법이 있는 상황에서 왜
굳이 의지를 발휘하겠는가?

멀티태스킹과 주의력 잔류물

우리는 (가끔!) 일에 집중하기가 힘들 때가 있다. 그럴 때면 현란하게 주의를 끄는 것들을 무시하고 하던 일을 유지하기가 왜 그리 어려운지 의문이 든다. 다행히 그 이유에 대한 설명이 있다. 2009년, 소피 리로이Sophie Leroy는 '일하는 게 왜 그리 힘들까?Why Is It So Hard to Do My Work?'라는 딱 맞는 제목의 논문 하나를 발표했다.

논문에서 리로이는 주의력 잔류물attention residue로 불리는 개념에 관해 설명했다. 그녀는 "(다른 연구자들이 멀티태스킹이 수행에 미치는 영향을 연구하긴 했지만) 현대의 작업 환경에서는 일정 수준 이상의 많은 일을 할 때 연달아 여러 프로젝트를 작업하는 경우가 더 흔하다"고 언급했다. 그녀는 "하나의 회의가 끝나면 다른 회의로, 하나의 프로젝트를 시작하자마자 또 다른 프로젝트로 옮겨가는 것은 조직 생활의 일부다"라고 설명한다.

멀티태스킹은 여러 가지를 '꼭' '모두' '한 번에' 처리하기보다는 '짧은 시간 간격으로' '프로젝트를 전환하는 형태로' 진행되는 것이 기본이다. 사람들이 실제로 동시에 여러 가지를 수행하지 않더라도 짧은 간격으로 계속해서 일을 바꾸는 것 역시 나쁘다. 이것은 사실상 멀티태스킹이다.

연구는 우리가 일종의 지연 없이 과제 사이를 매끄럽게 전환하지 못한다는 사실을 보여준다. A라는 일에서 B라는 일로 전환할 때 당신의 주의력은 곧바로 따라오지 못하고 원래 하던 일에 대해 계속 생각하고 있는 상태로 남아 있게 된다. 다음 작업으로 전환하기 전 A를 마무리 짓지 못하고 작업 강도까지 낮았다면 그런 상태는 심해져서 그 잔류물은 유독 '두텁게' 쌓이며, 다음 작업을 하기 전에 A를 마쳤다고 해도 당신의 주의력은 한동안 분열된 상태로 남게 된다.

리로이는 사람들이 어려운 과제들을 수행하는 것을 강제로 전환하게 하는 실험을 진행했다. 실험은 참가자들에게 단어 퍼즐을 맞추게 하는 것으로 시작됐다. 그리고 중간에 강제로 이를 중단한 다음, 이력서를 읽고 가상으로 고용 결정을 내리는 것과 같이 새롭고 어려운 과제로 전환하도록 만들었다. 다른 시행들에서는 다음 과제를 내주기 전 퍼즐 맞추기를 끝낼 수 있게 했다.

참가자들이 퍼즐 맞추기와 고용 결정 사이에서 주의를 전환하는 동안, 리로이는 첫 번째 과제에 대한 주의력 잔류물을 수량화할 수 있는 어휘 판단 과제lexical decision game(제시된 일련의 철자들이 의미를 가진 단어인지 아닌지를 빠르게 판단하는 과제 - 옮긴이)를 시행했다.

결과는 분명했다. 과제 전환 후 주의력 잔류 현상을 경험한 사람들은 다음 과제 수행에 서투른 경향이 있다. 그리고 잔류 현상이 강할수록 수행 능력이 떨어졌다.

생각해보면 그렇게 말이 안 되는 소리는 아니다. 우리는 누구나 동시에 너무 많은 일을 하고 있을 때가 있으며, 갑자기 아무것도 할 수 없다고 느끼는 당황스러운 순간을 경험하기도 한다. 어떻게 두 개 혹은 그 이상의 다른 일들 사이를 계속 왔다 갔다 하면서 어딘가에 집중할 수 있겠는가? 당신은 그저 그 모든 것을 이해하기 위해 정리하려 애쓰면서 옴짝달싹 못할 가능성이 있다.

이런 상황은 당신을 앞으로 나아가게 하는 게 아니라 상황을 이해하려고 애쓰느라 시간을 낭비하게 할 뿐이다. 당신은 한 발짝 내디딜 때마다 두 발짝 물러나게 될 것이다.

스탠퍼드대학교 클리포드 나스Clifford Nasss 교수는 멀티태스킹을 하는 사람들의 작업 패턴을 면밀히 관찰한 연구를 수행했는데, 여기에서는 더 좋지 못한 사실이 드러났다.

연구자들은 실험 참가자들을 동시에 여러 미디어 작업을 규칙적으로 하는 그룹과 그렇지 않은 그룹으로 나누었다. 첫 번째 실험에서는 그룹들에 두 세트의 빨간 직사각형을 보여주었는데, 한 세트에는 빨간 직사각형만 존재했고 다른 하나는 두 개나 네 개, 또는 여섯 개의 파란색 직사각형에 둘러싸여 있었다. 각 배치는 두 번 보여주었으며, 참가자들은 두 번째로 본 빨간색 직사각형이 첫 번째로 본 빨간색 직사각형과 다른지 판단해야 했다.

이것은 아주 간단한 과제처럼 느껴진다. 그냥 파란 직사각형들을 무시하고 빨간색이 변했는지 보면 되니까. 정말 너무 간단해서 멀티태스킹을 자주 하지 않는 사람들은 수행에 어려움이 없었다. 하지만 멀티태스킹을 자주 하는 사람들은 관련 없는 파란색 이미지들에 방해를 받아 결과가 형편없었다.

연구자들은 참가자들이 그 이미지들을 무시할 수 없었던 이유가 어쩌면 정보를 저장하고 정리하는 능력이 더 좋기 때문일 수도 있다고 생각했다. 기억력이 더 좋을 수도 있다. 하지만 두 번째 실험에서 그렇지 않다는 것이 드러났다. 멀티태스킹을 자주 하는 사람들은 알파벳 글자들이 연달아 제시되고 나중에 다시 반복해서 나타났을 때 그것을 기억하는 데 어려움을 겪었다. 그리고 이번에도 멀티태스킹을 적게 하는 사람들이 전반적으로 더 좋은 수행 결과를 보여주었다. 그만큼 간단한 과제였다.

"멀티태스킹을 적게 하는 사람들은 결과가 좋았어요." 함께 연구를 수행한 한 연구원은 이렇게 말했다. "멀티태스킹을 많이 하는 사람들은 실험이 계속될수록 결과가 나빠졌죠. 그들은 계속 더 많은 글자를 봤고, 머릿속에서 그것을 구분하는 일에 어려움을 겪었습니다."

멀티태스킹이 외부 세계의 정보나 나의 기억을 처리하는 최선의 방식처럼 보일 수도 있다. 하지만 앞서 소개한 연구 결과는 외부 세계 혹은 내 기억 여기저기에서 정보가 들어올 때 현재 목표와 관련 없는 것들을 걸러내지 못한다면 처리 속도가 느려질 뿐만 아니라 과제를 완료하기 어렵다는 사실을 여실히 보여준다. 몇 가지 일을 한 번에 하려고 너무 많은 정보로 뇌를 혹사하기보다 방해 요소가 끼어들지 못하게 해서 한 번에 하나씩 집중하는 편이 훨씬 쉽다.

두 실험을 통해 멀티태스킹은 어떤 경우라도 정말 집중력에 좋지 않은 영향을 미치며, 그렇게 하려는 모든 시도가 실제로 별다른 성과를 내지 못한다는 사실이 명백해졌다. 멀티태스킹을 하게 되면 새로운 과제 하나하나에 제대로 집중하지 못하고, 작업을 늦추는 방해 요소들도 무시할 수 없다. 멀티태스킹을 1퍼센트라도 더 효과적으로 할 수 있는 어떤 방법이 있을지 모르겠지만, 가능하면 피하라는 게 종합적인 교훈이다.

의도적
싱글태스킹
●

그렇다면 '싱글'태스킹은 어떻게 하는 걸까? 다른 것을 전부 치우고, 모니터나 이메일을 확인하지 않거나 현재 하는 일 외에는 어떤 것에도 손대지 않는 것이다. 그렇게 하려면 하나에 집중하고 다른 모든 것들을 목적에 맞게 의도적으로 조절해야 한다.

알람을 끄고 휴대전화를 치워라.

컴퓨터로 작업해야 한다면 한 번에 하나의 화면이나 프로그램만 띄워라. 싱글태스킹에서 핵심은 '작고' '해가 없어 보이는' 방해 요소들을 의도적으로 피하는 것이다. 최악의 방해 요인이 뭘까? 그건 바로 당신이 가진 전자 기기다. 가능하면 그것들을 무시하라.

작업 공간을 청소하거나 조정하느라 한눈팔 일이 없도록 평소에 깔끔하게 유지하라.

이상적으로 생각하면, 싱글태스킹을 할 때는 다른 곳에 한눈을 팔아선 안 되기 때문에 환경을 빈 공간처럼 단순화해야 한다.

방해를 받거나 다른 과제로 슬쩍 전환이 이루어지려고 할 때 기존의 과제에 집중하려고 노력하라.

처음에는 눈치채기 어렵고, 본능에 반하는 의식적인 결정을 내려야 할 것이다.

당장 뭔가를 해야 할 것 같은 느낌은 저항하기 힘들고 과제 수행에 방해가 된다. 하지만 진짜 뭔가 해야 하는 경우는 별로 없다. 이런 욕구에 맞서려면 (다른 과제와 관련된 생각이 떠오르는 걸 막을 수 없을 때 적어둘 수 있는) 메모지를 곁에 준비하라. 빠르게 적어두고 우선하는 목표로 돌아오는 거다. 그러면 잊어버릴 걱정 없이 싱글태스킹으로 하나의 과제를 마친 다음 처리할 수 있다.

싱글태스킹은 당신이 단 하나의 과제에 계속 집중하면서 미래의 성공을 위해 준비하도록 도와줄 것이다.

배칭:
동시에-묶어서

포드의 설립자 헨리 포드는 차에 대한 많은 것을 잘 알았다. 몇몇 경쟁자가 있었지만, 오늘날 그들의 이름을 찾아볼 수 없는 가장 큰 이유는 헨리 포드가 최초로 고안한 공장의 조립 라인 덕분이다. 한 공장의 조립 라인에서 작업자들은 한 번에 한 가지 과제에만 집중한다.

이렇게 하면 작업의 과정이 단순해지기 때문에 한 명의 작업자가 하나의 프로젝트를 처음부터 끝까지 맡아 여러 종류의 일을 바꿔가면서 하는 것보다 훨씬 효율적이다. 노동자들이 맡은 일을 전문적이고 완벽하게 할 수 있어서 오류가 줄고 고장을 고치는 것이 훨씬 쉬워진다.

포드의 노동자들은 주어진 과제에 필요한 것 이상을 더 생각할 필요가 없었다. 이렇게 자동차 생산을 효율적으로 만든 포드사의 생산량은 치솟았고, 해당 업계를 장악했다.

본질적으로 이것이 '배칭batching'을 사용해 얻을 수 있는 성과다.

배칭은 비슷한 종류의 과제를 함께 묶어서 한 번에 끝낼 수 있게 만드는 일괄처리 방식이다. 포드의 조립 라인에서는 노동자들이 오직 하나의 작업을 놀라울 만큼 효율적으로 해 냈기 때문에 본질적으로 100퍼센트 배칭이 이루어졌다고 볼 수 있다.

우리 모두에게 익숙한 이메일 확인을 예로 들어보자. 당신이 온라인으로 어떤 일을 한다면, 매시간 드문드문(혹은 폭발적으로) 꾸준히 이메일이 들어올 수 있다. 계속 이메일을 확인한다면 시간을 정말 비효율적으로 쓰고 있는 것이다. 다른 일을 방해할 뿐만 아니라 새로운 이메일을 받을 때마다 집중력이 흩어진다. 대다수 우리는 받은 이메일을 처리하기 위해 몇 자 적게 된다. 그러다 보면 몰입이 깨지고 추진력이 사라져서 원래 하던 일을 다시 시작해야 한다.

이메일에 배칭을 적용하면 생산성이 엄청나게 향상된다. 예를 들어, 2시간마다 한 번씩만 이메일을 확인하며 수신 알림을 일부러 무시하거나 차단할 수 있다. 처음에는 어려울 수 있겠지만 이메일을 확인하는 빈도를 제한하면 계속 방해받거나 하던 일에 다시 적응할 필요 없이 작업에 집중할 수 있다.

어쩌면 여기서 더 중요한 점은 어떤 작업을 거부하는 것이 꼭 필요한 작업을 처리하는 것만큼 중요하다는 교훈이다. 배칭은 당신이 과제에 집중할 수 있도록

목적과 의도

에 따라 다른 과제들을 무시할 수 있는 기술을 알려준다.

과제 사이의 전환은 정신적인 부담이 된다. 본질적으로 멈췄다가 다시 0에서 시작하기를 여러 차례 반복해야 하기 때문이다. 과제를 전환할 때는 많은 에너지가 드는데, 보통 정신을 가다듬으며 하던 일이 뭐였는지 상황을 파악하는 데에만 몇 분이 낭비된다. 이런 종류의 방해 때문에 당신은 할 수 있는 것과 바라는 것의 일부만 달성할 수 있다.

이메일을 확인하는 상황에서 배칭은 읽기, 쓰기를 비롯해 여기에 사용되는 기술과 작업 및 기억해야 할 것들에 관한

마인드셋을 유지하게 해준다. 이메일을 다룰 때의 마인드셋과 사고 방향은 광고 캠페인을 위한 새로운 그래픽을 디자인에 필요한 그것과 뚜렷하게 다르다. 같은 마인드셋을 유지하면 얻게 되는 이익이 상당하다.

배칭은 과제 사이를 왔다 갔다 하느라 에너지를 낭비하지 않고 오롯이 과제만을 위해 에너지를 절약하게 해준다.

배칭의 다른 예로 또 뭐가 있을까? 회의 스케줄을 전부 오후에 잡으면 오전에는 방해받지 않는 자유로운 작업 시간을 확보할 수 있을 것이다. 컴퓨터 작업을 아침에 몰아서 할 수도 있고, 전화를 걸어야 하는 업무를 한꺼번에 처리하는 것도 가능하다.

당신을 방해하는 일에도 배칭을 적용할 수 있다. 더 효율적으로 마음껏 산만해지려는 게 아니라, 에너지를 아꼈다가 딱 필요할 때 확실히 집중할 수 있게 하려는 것이다.

방해거리는 어떻게 배칭할까? 예를 들어, 당신이 어떤 일을 하느라 탈진한 상태라면 소셜미디어를 하면서 살짝 쉬고 싶을 것이다. 물론 해도 된다! 대신 시간을 좀 더 할애해서 당신이 가입한 계정들을 모두 확인하는 거다. 스포츠나 연예 정보 사이트, 뭐가 됐든 기분을 전환하는 활동에 몰두할 수 있다. 커피를 한잔하거나, 사무실 주변을 짧게 산책할 수도 있고, 이웃과 안부를 나눌 수도 있다.

할 만큼 충분히 했다면, 다시 일로 돌아갔을 때 흔들리지 않고 온전히 집중하는 시간을 보낼 수 있다. 페이스북에 새로운 게 없다면 확인해야 할 것 같은 기분이 덜 들 것이다. 일단 안배한 시간에 다양한 기분 전환 활동을 하고 나면 나머지 시간에 생산적인 활동으로 전환할 수 있다.

다양한 활동으로 주의력이 분산될수록 생산성은 더 떨어지게 될 것이다. 하지만 이전 활동과 비슷한 활동을 한다면 훨씬 더 수월하게 할 수 있다는 사실을 알게 될 것이다. 당신이 특정 종류의 과제를 하는 데 정신적으로 이미 준비된 상태이기 때문이다.

모든 비슷한 작업을 동시에 해결하고, 서로 비슷하거나 연관성 있는 다른 활동을 묶어서 해결하라. 그러면 어떤 상황에서든 효과적인 배칭으로 생산성을 급격하게 높일 수 있다.

'하지 말아야' 할 일 목록

우리 모두 해야 할 일 목록의 가치를 알고 있다. 분명 당신도 어디선가 생산성을 높이기 위해 해야 할 일 목록을 활용하는 방법을 읽고 이를 적용하려 노력해본 경험이 있을 것이다.

사실 우리는 '이미' 무엇을, 언제 해야 하는지 알고 있다고 볼 수 있다. 어딘가에 글로 적어두면 자신이 해야 하는 바를 상기하는 데 도움이 되기 때문에 그것들을 더 잘 챙기게 될 뿐이다.

그러나 모두가 미루는 습관과 우선순위의 가면을 쓴 방해 거리 같은 '해서는 안 되는' 일이 무엇인지 잘 아는 것은 아니다. 해야 할 일 목록만큼 '하지 말아야' 할 일 목록도 중요하다. 우리는 매일 우리에게 가장 큰 영향을 미칠 과제를 선택하는 상황을 마주하며, 거기에는 많은 장애물이 숨어 있다.

다시 말하지만, 우리 모두 생산성을 높이기 위해 피해야 하는 해로운 것들이 뭔지 뻔히 알고 있다. 소셜미디어를 한다든지 인터넷에서 쓸데없이 이것저것 클릭해보고 짝짓기 리얼리티 프로그램을 틀어놓고 일을 하려고 하질 않는가. (책을 보다 말고 플루트를 연습하기도 한다!)

정말 중요한 일과 쓸데없는 일을 구분하기가 어려울 때도 있기 때문에 당신이 해야 하는 일에 대해 곰곰이 생각할 필요가 있다. 하지 말아야 할 일 목록에는 모르는 사이에 시간을 뺏으며 목표 달성을 방해하는 일을 적어야 한다. 이런 일은 무의미하거나 비효율적으로 시간을 쓰게 만드는 일로, 결과에 보탬이 되지 않으며 하면 할수록 보상이 줄어든다.

이런 일에 계속 시간을 할애하고 낭비한다면 진짜 우선순위에 있는 일과 목표에는 손도 대지 못하게 된다.

다음은 당신이 하지 말아야 할 일 목록에 적어야 할 것들이다.

첫째, 우선순위에 있지만 외부 상황 때문에 당장 할 수 있는 게 없는 일이다.

이런 일은 어떤 면에서는 중요하지만 다른 사람의 피드

백이 필요하거나 다른 과제부터 완료해야 하는 경우에 해당한다. 이런 작업은 하지 말아야 할 일 목록에 올려라. 어차피 당신이 할 수 있는 게 없다!

그것들을 생각하느라 정신적 에너지를 낭비하지 말라. 다른 사람에게 소식이 왔을 때 처리해도 늦지 않을 것이다. 일단 다른 사람이 연락하기를 기다리고, 소식이 없다면 언제 확인할지 적어둬라. 그런 다음 머릿속에서 떨쳐라. 그것들은 당신이 아니라 다른 사람의 해야 할 일 목록에 올라가 있으니까. 다른 사람들에게 확실히 물어볼 수도 있다. 그렇게 해서 공을 다른 이들에게 넘기고 다른 문제를 처리하는 시간을 벌 수 있다.

둘째, 프로젝트에 보탬이 되지 않는 일들이다.

결과에 보탬이 되지 않는 자잘한 일들이 많이 있으며, 이런 일들은 종종 사소하고 번잡스럽다. 이를 위임하거나 다른 사람에게 나눠줄 수 있는가? 정말 당신이 시간을 내야 하는 일인가? 그러니까

시간을 들일 만한 '가치'

가 있느냐는 말이다. 혼자 일을 떠안고 완벽주의의 늪에

빠지는 중이 아닐까?

당신은 프로젝트 전체를 앞으로 나아가게 할 수 있도록 큰 과제에 시간을 써야 한다. 근시안적이고 사소한 잡무가 아니라! 이런 일들은 얼핏 중요해 보일 수는 있지만 마치 핵 발전소를 짓는 중에 그곳 주차장에 있는 자전거 보관소를 무슨 색으로 칠할지 고민하는 것과 다를 바가 없다.

셋째, 현재 진행되고 있지만 추가적인 작업이나 관심을 둔다고 목표에 도움이 되지 않는 것들이다.

이런 일은 할수록 보상이 줄어든다. 상황이 좋아지기는 하겠지만(그렇지 않은 일이 있기는 한가?), 좋아지는 정도가 전반적인 생산성이나 성공에 별 차이를 만들지 않거나 시간과 노력을 부적절하게 소모시키지만 큰 효과는 낳지 못하기 때문에 에너지 낭비일 뿐이다.

하지 말아야 할 일 목록에 오른 일들은 궁극적인 의도와 목적을 고려해서 완료된 것으로 봐야 한다. 시간을 낭비하지 말고, 목록에 있는 일을 우선순위로 착각하는 함정에 빠지지 말라. 당신이 해야 하는 다른 모든 작업을 마치고 난 다음, 다듬는 시간을 따져도 된다.

만약 작업의 질이 본인 바람의 90퍼센트에 도달했다면, 이제는 90퍼센트로 끌어올릴 다른 0퍼센트의 일에 관심을 둘 때이다. 다른 말로 하면, 세 가지를 80퍼센트로 완료하는 것이 한 가지를 100퍼센트 완료하는 것보다 훨씬 더 유익하다는 뜻이다.

하지 말아야 할 일 목록에 있는 것들을 의식적으로 피하면 집중력을 유지하면서 능률적으로 작업하게 된다. 시간과 에너지를 낭비하지 않기 때문에 날마다 생산성이 인상적으로 늘어날 것이다. 주문하지도 못할 메뉴인데 꼼꼼히 읽을 이유가 있겠는가? 쓸데없이 정신적 에너지를 낭비하는 짓이다. 하지 말아야 할 일 목록은 당신의 시간과 주의력이 소모되지 않게 함으로써 정말 중요한 일에 집중하게 해준다.

이는 당신의 일과에 매우 극적이고 긍정적인 영향을 미친다. 신경을 잡아끄는 일이 적을수록 좋다. 그런 일이 만들어내는 스트레스와 불안은 생산성을 둔화시키거나 없애기 때문이다. 하지 말아야 할 일 목록은 그런 일의 대부분을 없애주기 때문에 당신의 정신은 해방된다! 당신은 당신을 향해 날아오는 공에 집중하며 계속해서 받아칠 수 있게 된다.

40-70 법칙

우리는 필요한 관련 정보를 전부 확보하지 않은 상태로 컴포트존에서 벗어나기를 꺼린다.

하지만 새로운 무언가를 시작하는 시점에서 정보가 차고 넘치는 상황이 실제로 가능할까?

콜린 파월 전前 국무부 장관은 언제 결정을 내리고 시행할지를 결정할 때 나름의 규칙을 따랐다. 그는 어려운 선택의 상황에서 결정을 내리기 위해 필요한 정보의 양은 40퍼센트 이상 70퍼센트 이하여야 한다고 말한다. 이 범위에서라면 충분히 근거 있는 선택을 할 수 있고, 너무 많은 정보 때문에 우유부단한 상태에 빠지는 것은 피할 수 있다.

필요한 정보를 40퍼센트도 가지고 있지 않다면, 본질적으로 성급한 판단을 내리게 된다. 앞으로 나아갈 만큼 충분하게 알지 못하기 때문에 많은 실수를 저지르게 될 것이다. 이와는 정반대로, 필요한 양의 70퍼센트가 넘어가는 정보를 추구한다면, 정말로 이 수준 이상이 필요할 가능성이 없기도 하고, 당신은 정보량에 압도되어 혼란스러워질 것이다. 그 사이 기회가 사라지거나 먼저 시작한 누군가에게 기회를 빼앗길지도 모른다.

하지만 40퍼센트와 70퍼센트 사이인 최적의 지점에서라면 직관적으로 결정하며 나아가기 충분하다. 콜린 파월의 경우 이 법칙에 따라 효율적인 지도자의 역할을 수행할 수 있었다. 나아가야 할 올바른 방향을 직관적으로 아는 지도자가 조직을 성공적으로 이끌게 되기 때문이다.

컴포트존에서 벗어나려는 우리의 목표에 이를 적용한다면 '정보'라는 단어를 다른 동기 요인으로 대체하면 된다. 예를 들어, 40~70퍼센트의 '경험', 40~70퍼센트의 '독서'나 '학습', 40~70퍼센트의 '계획' 같은 것들이 될 수 있다. 우리가 과제를 완수하는 과정에서도 그때그때 상황을 분석하고 계획을 세워나가기 때문에 이 정도로 확실하다면 행동하는 데 도움이 된다.

정보(혹은 자신감, 경험 등등)를 70퍼센트 이상 얻으려고 노력한다면 충분한 속도가 나지 않아 부정적인 결과로 이어진다. 또한 동력과 흥미를 잃게 되어 사실상 아무 일도 일어나지 않게 된다. 이 한계치를 벗어나면 아무것도 얻지 못할 가능성이 높다.

예를 들어, 칵테일 바를 열려고 한다면 다양한 종류의 술을 갖춰야 할 것이다. 하지만 완벽하게 모든 종류의 술이 준비된 상태로 바를 여는 것은 현실적으로 불가능하다. 그렇다고 손님들이 고를 수 있을 만큼 충분히 준비되지 않은 상태로 바를 여는 것도 말이 안 된다. 최소 40퍼센트를 갖출 때까지 기다려야 한다. 그러면 동력이 갖춰진다.

필요한 정도의 반 이상이 갖춰지면 바를 열기 매우 적절한 상태가 된다. 바텐더 지침서에 있는 모든 음료를 완벽하게 제공할 수는 없겠지만, 대중적인 칵테일과 그것들을 응용한 몇몇 음료를 만들기에는 충분하다.

따라서 50~60퍼센트를 갖췄다면 바를 열 준비가 됐다고 볼 수 있다. 나머지가 갖춰질 즈음에는 한창 장사를 하고 있을 테니 새로운 품목들만 메뉴에 추가하면 될 것이다. 70퍼센트 이상 갖출 때까지 기다리다가는 이도 저도 못하는 상황에서 원하는 오픈 시점을 넘기게 될 수 있다.

이런 식으로 생각하면 더 많이 행동하게 된다. 행동하기 위해 필요한 양의 40퍼센트가 채워질 때까지만 기다리면 컴포트존에 안주하지 않게 된다. 당신은 컴포트존을 벗어나기 위해 필요한 일을 적극적으로 계획하는 중이고, 그 계획이 과하지만 않다면 잘하고 있는 것이다. 100퍼센트 혹은 심지어 반도 준비되기 전에 실행에 옮기는 행위는 컴포트존에 안주하지 않도록 자신을 밀어붙이는 대담한 시도라고 볼 수 있다.

아무것도
하지 말 것

번아웃Burn-out은 현실적인 위험으로, 성공을 향해 달리는 오늘날 현대 사회에서는 특히 그러하다. 모두가 돈을 벌기 위해 본업 외에 부업을 가진 것 같다. 우리는 일과 사교 활동으로 하루를 꽉꽉 채우면서 삶의 마지막 한 방울까지 짜내려 한다.

아이러니하게도, 이렇게 할수록 역효과가 난다. 극소수의 사람만이 그 정도의 활동을 받쳐줄 수 있는 '배터리'를 가지고 있기 때문이다. 뇌는 조금만 피곤해도 사고의 명확성이 떨어진다. 이 사실은 살아가는 데 있어서 아주 중요하다. 우리는 3시간이 아니라 8시간을 자야 더 잘 기능할 수 있다.

그렇다면 모든 것을 단절하고 아무 일도 하지 않을 때 창의력과 통찰력이 더 커질까? 이는 분명하지 않다. 스포츠센터에서 멍한 상태로 운동을 하거나 샤워를 하는 동안 많은 통찰을 하는 것처럼 보이기 때문이다.

생각은 그 자체로 정신을 피곤하고 지치게 하며, 그럴 때 뇌에서는 베타파를 방출한다. 그러나 반대로 긴장을 풀고 있거나 집중하지 않을 때는 알파파가 나온다.

알파파는 어떤 것과 관련이 있을까? 플라비오 프뢸리히Flavio Frohlich 교수가 수행한 연구에 따르면 알파파는 기억력과 창의적 사고 강화 그리고 전반적인 행복감의 증대와 관련이 있었다.

오늘날 사람들이 명상과 마음 챙김(현재 자기 몸과 마음 상태를 알아차리는 데 집중하는 태도를 일컫는 심리학적 구성 개념 - 옮긴이)을 그렇게 열심히 수련하는 이유가 아마 그래서일 것이다. 이런 행위들은 의도적으로 당신을 느긋하게 만들어 알파파를 방출하는 상태로 유도함으로써 행복과 삶의 만족을 증대시킨다. 기업의 최고경영자처럼 정상에 오른 사람들이 언제나 명상을 가장 중요한 일과로 언급하는 이유가 여기에 있지 않을까 싶다. 뭔가를 조절하는 능력은, 중간에 배터리를 추가로 충전하는 것처럼, 중요한 순간에 최고의 기능을 발휘하게 해준다.

엄청난 성취를 이루고 있는 사람들에게 알파파를 만들어

내는 행위는 단순히 휴식을 취하는 차원의 문제가 아니다. 그러니 당신도 그저 휴식으로 생각하지 말고 원기를 회복해서 정말 창의적이어야 하는 순간을 준비한다고 생각하라.

우리는 자는 법, 스트레칭하는 법, 운동 시합 전에 몸을 푸는 법 등에 대해서는 본능적으로 잘 알고 있지만, 정신의 차원에서 같은 역할을 하는 일을 무시한다. 당신이 더욱 편안한 상태에 있고 아무것도 하지 않을 때, 정신은 비로소 자유롭게 거닐면서 원기를 회복한다.

스스로 공상을 허락하라. 지루하고 일상적인 '생각'이 아니라 창의적이고 기묘한 '공상'을 언제 마지막으로 했는지 기억이나 나는가? 휴식이 필요한 순간이라면 휴대전화를 집어 들고 소셜미디어를 들여다보고 싶은 충동을 견뎌라. 어쩌면 그냥 허공을 보고 있는 게 시간을 더 알차게 보내는 일일 것이다!

간단 정리

● 주위의 방해 요소를 최소화하라. 방해거리가 눈에서 멀어지면 마음에서도 멀어진다고 밝혀졌다. 그러니 작업하는 근처에 자극적인 것을 두지 말 것. 그렇지 않으면 의지력이 서서히 고갈될 것이다.

● 어디서든 할 수 있는 디폴트 액션을 만들어라. 당신은 디폴트 액션을 통해 '가장 원하는' 방향으로 '가장 쉽고 저항 없이' 갈 수 있다. 생산성을 위한 환경을 선별하고 설계하는 것 역시 도움이 된다.

● 싱글태스킹이 핵심이다. 멀티태스킹은 분명한 결점을 가지고 있다. 당신이 과제를 전환할 때 주의력 잔류물이 생기는데, 이로 인해 새로운 과제에 적응할 때마다 어느 정도 시간이 필요하다. 이미 익숙한 일을 한다고 해도 마찬가지다. 이런 현상은 싱글태스킹과 배칭을 통해 없앨 수 있다. 배칭은 정신을 효율적으로 이용하기 위해 비슷한 종류의 일을 함께 처리하는 것이다.

- 하지 말아야 할 일 목록은 해야 할 일 목록만큼 강력한 힘을 발휘한다. 우리는 무시해야 할 것은 거의 듣지 못하는데, 결과적으로 이런 방해 요인들이나 야금야금 시간을 좀먹는 것들은 우리가 눈치채지 못하는 사이 우리 공간을 침범한다. 하지 말아야 할 일 목록에 진행할 수 없는 일, 발전시킬 수 없는 일, 또는 도움이 되지 않는 일을 포함하라.

- 40-70 법칙은 당신을 행동하게 만드는 정보의 범위를 말한다. 40퍼센트가 안 되는 정보를 가지고 있다면 행동하지 마라. 70퍼센트를 가지고 있다면 행동해야 한다. 100퍼센트에는 결코 도달할 수 없기도 하고, 70퍼센트면 행동하기에 충분하다. 어쨌든 나머지는 차차 배우게 될 것이다.

- 마지막으로, 가끔 아무것도 하고 싶지 않을 때가 있을 것이다. 이럴 때는 긴장을 풀고 휴식을 취해야 하는데, 이를 정신적 회복으로 생각해야 한다. 운동선수가 시합이나 경기들 사이에 어떻게 지내겠는가? 그렇다. 필요한 순간에 최고의 기량을 보여줄 수 있도록 회복의 시간을 갖는다.

7장.
치명적인 함정

FINISH
WHAT YOU START

완수해 나가는 과정에서 당신은 자신의 발전을 저해하는 엄청나게 많은 실수를 저지를 수 있다.

마이클의 사례를 살펴보자. 마이클은 그저 평범한 사람이다. 그렇다 보니, 집에서 프리랜서 컨설팅 회사를 처음 시작했을 때 몇 가지를 잘못 생각했다.

그는 사업을 시작하면 하루아침에 인생이 바뀔 줄 알았다. 일은 최소한으로 하면서 돈을 쓸어 담고, 갓 태어난 딸과함께 많은 시간을 보내며, 아놀드 슈워제네거처럼 체육관에서 상주하며 몸을 만들 수 있을 거라고 상상했다. 사장이 되면많은 시간을 자유롭게 쓸 수 있을 줄 알았던 것이다!

몇 주가 흘렀고, 생각했던 것 중 실행한 것은 아무것도 없다.

사실 너무 기대한 탓에 부담스럽고 실망스러웠다. 이런 것을 '헛된 희망 증후군False Hope Syndrome'이라고 한다. 마이클은 인간의 가능성을 훨씬 뛰어넘는 성취를 이룰 수 있다고 믿었다.

또 다른 실수는 일할 때 자신이 가장 잘할 수 있는 방식을 몰랐던 것이다. 그는 자신의 자연스러운 일주기리듬Circadian Rhythm(인간을 포함한 동물의 수면과 섭식에 관여하고 생물학적 활동 패턴에도 영향을 주는, 대략 24시간 주기의 변화하는 흐름-옮긴이)과 선호하는 작업 방식에 맞지 않는 비현실적인 일정을 소화하려고 애썼다.

헛된 희망 증후군은 자신의 해야 할 일 목록에 있는 모든 일을 할 수 있으며 짧은 시간에 꿈을 이룰 수 있다고 믿을 때 나타난다. 자기 자신과 고객에게 지키지 못할 약속을 하는 것이다. 그러고는 성공하지 못했을 때 쓸쓸한 실망감을 느낀다.

그런 큰 기대는 실제로 일하는 태도에 부정적인 영향을 끼친다. 기대가 컸기 때문에 방금 경험한 실패에 더 큰 두려움을 느끼고 더 위축되어 오히려 일을 시작했을 때보다 못한 상태로 마무리될 수 있다.

사업을 시작하고 삶에 큰 변화가 없자, 마이클은 크게 실망했다. 삶은 하룻밤 사이에 마법처럼 바뀌지 않았다. 그에게는 계획했던 모든 변화를 이뤄낼 만큼의 에너지가 없었다.

게다가 자신과 맞지 않는 일정을 따르고 있었기 때문에 일하는 게 너무 싫었다. 작업은 늘어졌고, 하기 싫은 업무를 회피하며 미루기 시작했다. 커피를 세 잔씩 마시면서 아침 일찍 일하려고 애쓰는데도 일을 제대로 처리하지 못한다는 사실을 깨달았다.

얼마 지나지 않아 마이클은 자신이 무엇을 하려고 애썼고 어떻게 실패하고 있는지 자세히 살펴보기로 마음먹었다. 그는 자신의 생활 방식에 적합하게 일정을 조정하고, 아직 정상 수면 주기에 도달하지 않은 어린 딸 때문에 늦게 잔 다음 날에는 아침 일찍 일하지 않기로 했다. 그는 한 번에 몇 개의 목표만 정하고, 가능할 때 목표 달성을 위한 시간을 내는 방법을 찾아냈다.

금세 마이클의 기분이 나아지고 일도 더 잘 됐다. 더 편안하고 현실적인 리듬에 맞추자 삶이 더 편해졌다. 더는 부담감과 실망감을 느끼지 않았고, 일이 지겹거나 두려워서 미루는 일도 없어졌다.

마이클처럼 우리 모두 실수를 저지른다. 어떤 실수를 피해야 하는지 배우면 다른 사람들보다 한발 앞설 수 있다. 이런 흔한 실수를 피한다면 자제력이나 의지를 탓할 필요가 없을 것이다.

헛된 희망
증후군

마이클이 경험한 헛된 희망 증후군은 자신이 만들어낼 수 있는 변화를 과대평가할 때 나타난다. 자신이 할 수 있는 일의 종류, 속도, 양, 그리고 계획한 변화가 얼마나 쉽게 일어날지 등에 대한 당신의 기대는 비현실적이다. 바라던 모든 변화를 이룰 수 없을 때, 자신이 세운 원대한 목표에 닿지 못했다는 실망감은 희망을 버리게 만드는 강력한 반작용을 불러일으킬 수 있다.

자제력이 아무리 강하고 변화를 갈망해도 기대가 너무 높으면 여전히 실망할 것이다. 목표를 적절하게 세우고, 현실적으로 기대할 수 있는 것이 무엇인지 알아내라. 비현실적인 바람을 내려놓고 현실적으로 충족 가능한 목표를 세우는 법을 배워라.

과거에 똑같이 시도해서 실패한 경험이 있는데도 마법처

럼 일하는 습관을 바꿀 수 있다고 생각하는 것 역시 그런 비현실적인 바람 중 하나가 될 수 있다. 예를 들어, 다른 데 한눈을 팔고 멀티태스킹을 해서 성공한 적이 없었으면서 이번에는 더 많은 일을 할 수 있으리라 기대하는 것이다. 반드시 방법을 바꾸고, 자신에게 지나치게 많은 변화를 기대하지 않는 것이 성공의 핵심이다. 그렇게 하면 오래된 습관에 빠져 스스로 실망하는 상황을 막을 수 있다.

헛된 희망은 기대를 조절하는 차원의 문제다. 현실적인 희망을 품을 수 있을 때 실제로 성취할 수 있고, 결국 자신감과 경쟁력, 그리고 기술을 얻게 된다. 그렇지 않으면 생산적이지 않은 상심과 실패로 이어질 뿐이다.

목표는 너무 높아도 안 되지만 너무 낮아도 안 된다. 목표가 너무 낮으면 지루해지고 빈둥댈 것이다. 목표와 기대는 완전히 다를 수 있다는 사실을 꼭 기억하라.

과도한 생각

당신이 저지를 수 있는 또 다른 실수는 '과도한 생각'이다. 과도한 생각은 즐거움, 희망, 분별력을 조용히 제거하는 킬러다. 그것은 앞으로 나아가는 데 필요한 적극적인 태도와 희망을 없앤다.

생각을 너무 많이 하다 보면 아무래도 부정적인 측면에 꽂히게 된다. 이는 부정적인 측면들이 눈에 아주 쉽게 띄기 때문인데, 당신의 세계관은 결국 완전히 암울해진다.

생각을 많이 하다 보면 발전하고 있다는 착각이 들기 때문에 꽤 유혹적이다. 어쨌든 최선의 결정을 내리기 위해 일에 대해 고민하고 조사하는 중이니까, 미리 대책을 세우고 있다고 생각한다.

하지만 과도한 생각은 사실 조용히 당신의 실천을 방해하는 부질없는 행위의 또 다른 전형일 뿐이다.

너무 많은 가능성을 따지느라 조사를 지나치게 하면 오히려 실행 결정을 내리지 못한다. 남들보다 한발 앞서고 당신 안의 관성을 없애는 대신 진짜 중요하지 않은 문제를 조사하고 계획하느라 시간을 낭비하게 된다.

과도한 생각 때문에 당신의 결정력은 마비된다. 심리학자 배리 슈워츠는 선택의 역설이 해로운 이유가 "분석 마비Analysis Paralysis에 빠지게 되기 때문"이라고 주장한다. 그의 연구는 선택지가 많아질수록 사람들이 불안해하고 궁극적으로 선택을 피한다는 것을 밝힌다.

그에 따르면, 현재 선택지를 줄이면 선택의 범위를 좁히는 데 도움이 된다. 사무실에서 쓸 새 프린터를 사려고 하는 상황을 생각해보자. 당신은 프린터들이 잔뜩 늘어선 모니터 앞에 앉아 있다. 프린터마다 온갖 성능을 자랑하는 멋진 광고가 잔뜩 붙어 있다. 어찌할 바를 모르고 고민하던 당신은 그냥 처음 본 것을 고른다(아니면 프린터가 필요한데도 사지 못한 채 인터넷 창을 닫거나). 프린터들 앞에서 고민하느라 시간을 너무 낭비했으며, 다양한 프린터들에 압도되어 결국 알고 있는 정보도 활용하지 못했다.

당신은 뇌가 처리하다가 과부하가 걸릴 만큼 너무 많은

정보 때문에 결정을 내릴 수 없다. 앞선 상황은 지나치게 많은 생각이 어떻게 완수와 수행 능력을 마비시키는지를 제대로 보여준다.

그러니 쓸데없이 너무 많이 생각하지 말고 행동하는 데 집중하라. 대부분 행동은 되돌릴 수 있다. 프린터는 쉽게 반품할 수 있다. 하지만 행동하지 않고 머뭇거린다면 새로운 프린터를 아예 얻지 못할 것이다.

스스로 선택과 기준을 제한할 수도 있다. 당신에게 중요한 기준에 초점을 맞추고, 그것을 충족시키는 가장 쉬운 선택을 찾아라. 강박적으로 최고의 브랜드를 찾겠다는 일념으로 수천 개를 비교하려다 목표의 방향성을 상실하는 상황은 피해라. 90퍼센트 정도는 당신이 원하는 성능에서 크게 벗어나지 않을 것이다.

당신이 정말 중요하게 생각하는 것은 무엇인가? 사무실에 새 프린터를 사는 것이 목적이라면 그 사무실에 필요한 조건 세 가지를 정해라. 그런 다음 그 조건에 충족하는 가장 저렴한 프린터를 사라. 다른 조건은 볼 필요도 없다. 이런 상황이 정보 수집을 제한하고 의도적으로 무시하는 대표적인 사례다. 자신도 모르는 사이 너무 많은 생각을 하게 될 수 있는데, 그것은 무엇이 중요한지 명확하게 모르기 때문이다.

중요한 점이 무엇인지 잘 생각해보면 금세 명쾌한 판단을 내릴 수 있을 것이다.

걱정

걱정은 과도한 생각과 밀접한 관련이 있으며, 완수의 과정에서 저지를 수 있는 세 번째 큰 실수다.

현실적이든 상상에 의한 것이든 문제를 반추할 때 "걱정한다"고 말한다. 걱정은 우리를 통제할 수 있는 현실에서 벗어나게 하고, 전혀 통제할 수 없는 미래나 과거로 데려간다.

걱정은 당신의 통제력과 침착함을 앗아가지만, 현재에 집중하면서 행동하면 지금 뭔가를 완수하고 통제할 수 있게 된다. 생각의 초점을 문제나 실수가 아닌 행동하고 해법을 찾는 데 맞추려고 노력하라.

게다가 걱정은 현실적이지도 않고 바꿀 수 있는 가능성이 거의 없는 문제에 집중하게 만든다. 결국 우리는 그런 문제를 걱정하느라 일하면서 쓸 수 있는 시간과 에너지를 허비하게 된다.

누군가에게 걱정을 줄이라고 말하는 것은 어려운 일이다. 하지만 사실 걱정을 하게 되면 고통을 두 번 겪는 셈이다. 우선 걱정하는 동안 한 번 고통스럽고, 걱정했던 그 끔찍한 일이 실제로 벌어졌을 때 다시 한번 고통스럽기 때문이다. 그리고 그런 일이 벌어지지 않는다면, 아무 이유 없이 고통받았던 게 되기 때문에 고통스럽다.

걱정하는 행위 역시 생산적인 듯한 착각을 불러일으킨다. 그러나 다시 한번 말하지만, 쓸데없는 짓이다. 얻는 것 없이 에너지만 잔뜩 낭비된다.

당신이 통제할 수 있고 관련해서 손 쓸 수 있는 일에 초점을 맞춰라. 일어날 가능성이 거의 없는 상상의 결과나 시나리오가 아닌, 실제로 벌어진 일에 초점을 맞춰라. 그 순간에 할 수 있는 일을 하라. 당신이 통제할 수 있는 것은 그것뿐이기 때문이다. 그렇게 하면서 두려움이 아닌 행동하고 통제하는 사고방식을 지녀라.

그대 자신을 알라

●

마지막으로, 많은 사람이 저지르는 실수는 '자신을 제대로 알지 못하는 것'이다. 자신을 알면 최상의 능력을 발휘하고 자기에게 유리한 환경을 만드는 방법을 이해할 수 있다.

모든 사람이 같은 방식으로 일하는 것은 아니다. 어떤 남성은 하루 중 모든 스케줄을 세세하게 정하는 걸 좋아할 수 있고, 또 다른 남성은 여유시간을 두고 그때그때 결정하는 게 필요할 수 있다. 어떤 여성은 혼자 일할 수 있는 조용한 환경이 필요할 수 있지만, 또 어떤 여성은 친구들과 사교 활동을 할 수 있는 환경이 필요할 수 있다.

마이클이 깨닫게 된 것처럼, 자신에게 비현실적이고 맞지 않는 일정, 이상, 혹은 환경을 강요하며 성공을 기대하지 말라. 자신한테 무엇이 가장 좋은지 찾고 그것을 성취하기 위해 노력하라. 자신에게 맞는 최고의 환경에 있다면 최고의 기량을 보일 수밖에 없다. 자신에게 맞지 않는 환경에 억지로 맞추느라 자신을 비참하게 만들며 생산성을 떨어트리지 말고, 그 최고의 환경이 무엇인지 찾아라.

자신의 선호와 유리한 강점을 이용하면 완수에 성공할 가능성이 커진다. 능력의 정점에서 최선을 다해 일하게 해주기 때문이다. 당신은 자신과 싸우고 있는 게 아니라 몰입해서 일하고 자신의 강점에 다가가고 있는 것이다. 다른 사람이 정한 성공의 공식을 따라가면서 자신을 불행하게 만들고 있는 게 아니다.

다르다는 이유로 자신과 다른 사람들을 비난하지 말라. 우리는 모두 다르다. 우리의 생산성은 매우 섬세하기 때문에 이를 높이기 위해서는 특별한 관리가 필요하다. 완수하고 싶다면 스스로 성장에 도움이 되는 것을 제공하라.

하루 중 어느 시간에 일이 가장 잘 되는지 알아내라. 그리고 그 시간에 일하라. 오전 8시 전에는 머리가 잘 돌아가지 않는다거나 밤늦게까지 일하는 게 욕먹을 일이 아니다. 당신에게 가장 잘 맞는 시간에 일해야 더 생산적이고 더 쉽게 일을 완수할 수 있다. 당신에게 에너지가 가장 충만할 때 그걸 쓰고 있기 때문이다. 아침형 인간이 아니라면 아침 일찍 일하려고 애쓰지 마라. (그래봤자 실패할 뿐이다!)

자기 자신에 대한 이해에는 또 다른 요소가 있다. 자신이 실패하는 이유를 진단하고 근본적인 문제를 고치는 것이다. 완수하지 못하는 원인을 진단하면 해결이 가능하다. 제대로 완수하지 못하는 원인이 무엇인지 판단할 수 있을 때만이 실제로 해결을 위한 뭔가를 할 수 있다.

실패를 잘못된 원인에 돌리는 흔한 실수를 하지 말라. 그렇지 않으면 결코 그 문제를 해결하고 바로잡을 수 없을 것이다.

완수하는 게 어렵다면, 셜록 홈스가 돼라. 연역의 힘을 이용해 뭐가 잘못됐고 왜 생산적이지 못한지 추론하라. 어쩌면 당신은 일정을 관리해야 하고 책을 읽느라 시간을 낭비하면 안 되는 상황에서 또 다른 시간 관리책을 읽고 있는지도 모른다. 물건이 너무 많아서 일부를 버려야 하는데 오히려 그것들을 전부 정돈하고 분류하고 있을 수도 있다. 낙심해서 일을 미루다 계속 실패하면서 왜 점점 더 낙심하게 되는지 의아해할 수도 있다.

완수하지 않았을 때 어떤 기분을 느끼게 되는지 진지하게 검토하라. 어떤 프로젝트를 시작하는 단계에서 감정을 살피면서 압도되는 느낌이 들거나 일을 너무 미뤄서 끝내는 데까지 너무 오래 걸리지는 않는지 합리적인 관점에서 확인하라. 당신이 포기하는 구체적인 이유가 무엇인가? 그 이유를 찾아야 이 책에 나온 규칙과 마인드셋을 적용하는 방법을 알아내고 문제를 교정할 수 있다.

실패할 수 있고, 실패하기 마련이다. 그렇다고 세상이 끝난 게 아니다. 생산력이 완전히 사라진 것도 아니다. 그러나 실패는 우리가 그 원인을 의식적으로 파악할 때만 유용하다. 원인을 알면 그것을 수정하고 피하는 법을 찾을 수 있다. 그렇지 않으면 실제로 무슨 일이 벌어지는지 깨닫게 될 때까지 실수를 반복할 게 뻔하다. 조기에 실패의 원인을 진단해서 시간 낭비를 피하라.

간단 정리

···

- 일을 시작하고 완수하는 과정에서 빠질 수 있는 함정에는 어떤 게 있을까? 일일이 열거하기에 너무 많지만, 이 장에서 선별한 몇 가지는 그중 가장 조심해야 할 것들이다.

- 헛된 희망 증후군은 자신이 비현실적인 수준으로 바뀌거나 향상할 수 있다고 기대할 때 나타난다. 부득이하게 그런 수준에 이르지 못하면 시작 전보다 동기와 자제력이 매우 떨어지는 반작용을 경험한다. 이를 극복하기 위해서는 과거 경험을 바탕으로 현실적인 기대를 해야 하며, 목표와 기대가 다르다는 사실을 이해해야 한다.

- 과도한 생각은 교활하다. 실제로 행동하고 있고 심지어 생산적이라는 느낌을 주기 때문이다. 생각을 너무 많이 하면 발이 묶여 행동을 위한 첫발을 내디딜 수 없다. 중요한 세부 사항에 초점을 맞추고 다른 모든 것은 의도적으로 무시하라. 그러면 훨씬 명료하게 느낄 것이다.

● 걱정은 뭔가에 집착하며 불가피하게 부정적인 시나리오와 함정에 대해 생각하는 것이다. 우리는 통제할 수 없는 것에 집착하는 반면, 통제할 수 있는 현재는 무시한다. 여기에 대한 해법은 오로지 현재에 집중하고 지금 할 수 있는 일을 하는 것이다.

● 당신은 자기 자신을 아는가? 언제 가장 생산적이고 어떻게 일할 때 가장 잘하는지 알고 있는가? 하루 중 언제, 어떤 환경과 상황에서 일을 가장 잘하는지 곰곰이 생각해보라. 자신을 아는 것은 자신을 관찰하면서 실패하거나 기대에 못 미친 이유를 이해하는 능력이기도 하다는 사실을 알아야 한다. 자기를 진단하고 의식하는 능력 말이다.

8장.

성공을 위한 매일의 체계

FINISH
WHAT YOU START

네드는 소프트웨어 컨설팅 회사를 창업했다. 자신이 사장이라는 사실에 정말 신났을 뿐만 아니라 고객 관리, 이메일 답장, 잠재 고객 발굴, 청구서 발송, 컨설팅 업무 등 별다른 어려움이 없으리라(!) 예상했다.

처음에는 모든 일이 아주 잘 풀렸다. 아침 일찍 일어나 이메일에 답장을 보내고 잠재 고객을 늘리기 위해 뉴스레터를 보냈다. 그런 다음 일반 업무를 했다. 시간이 남으면 다시 이메일을 확인했다. 밤늦게까지 다양한 업무를 처리하며 자신을 홍보하는 일도 열심히 했다.

하지만 사업이 본격화되자 갑자기 이메일 수신함이 넘치기 시작했다. 그가 작업해야 할 프로젝트의 목록도 점점 늘어났다. 갑자기 모든 일이 버겁게 느껴졌다. 매일 적어도 12시간씩 일하는데도 이메일에 답을 하고 고객을 응대하는 동시에 제때 청구서를 보내면서 마감까지 지키기가 힘들었다. 답답한 고객들은 일의 진행 상황을 물어보며 심하게 화를 내곤 했다.

마치 늪에 빠진 것 같았다.

그의 책상을 곤도 마리에(구 정리 컨설턴트, 현 방송인)가 봤다면 기겁했을 것이다. 네드는 작업했던 프로젝트와 관련된 중요한 문서나 메모를 찾는 데 길게는 15분이나 걸렸다. 그가 재택근무를 하던 방 또한 엉망진창이었다. 신나서 페인트칠을 하며 꾸몄던 그 공간이 이제 거의 하루 종일 시간을 보내는 감옥이 되었다.

네드 자신은 상태가 훨씬 끔찍했다. 좀비처럼 너덜거렸고, 커피와 패스트푸드로 겨우 끼니를 때웠다. 다크서클은 턱까지 내려왔다.

문득 자신이 갈피를 잡지 못하며 돈도 잃고 있다는 사실을 깨달았다. 그의 웹사이트와 프리랜서 프로필에 악플이 달리기 시작했다. 그의 컨설팅 회사는 망해가는 것처럼 보였다.

네드가 잘못한 게 뭘까?

그에게는 체계가 없었다. 모든 일을 혼자서 하려고 했을 뿐만 아니라 일을 수월하게 처리하는 체계적이고 능률적인 방식을 쓰지 않았다. 한 번에 너무 많은 일을 처리하려고 했으며, 매일 어마어마하게 많은 목표를 달성하려고 애쓰면서 그 목표들을 쉽게 만들어주는 체계를 활용하지 않았다.

인간의 의지력은 정말 대단한 수준이다. 살면서 자신이 할 수 있는 최선을 다하도록 밀어붙이려면 분명 의지력이 필요하다. 하지만 성공을 위해 의지력과 자제력에만 의존한다면 자신의 한계를 넘어 감당하기 버거운 상황에서 처했을 때 실패하게 된다.

일단 한계에 다다르면, 의지력과 자제력은 당신을 앞으로 나아가게 할 수 없다. 당신이 감당할 수 없는 상황에서 의지력과 자제력은 쉽게 약해지고 무너진다.

네드의 이야기는 성공을 위해 필요한 일을 하도록 자신을 항상 밀어붙이기만 하면 어떤 일이 벌어지는지 중요한 교훈을 준다. 과중한 업무에 지쳤을 때, 이를 극복하기란 쉽지 않다. 당신은 의욕이 없고 피곤할 때도 꾸준히 성공을 향해 나아갈 수 있는

정리된 체계

를 만들어야 한다.

특히 사업을 하다 보면 심각하게 무기력해져서 과업을 처리할 마음이 생기지 않을 때가 있다. 두려움 때문에 필요한 의지력을 끌어올리기 힘든 일도 있다. 심지어 당신의 성공을 방해하려는 사람도 있다! 그리고 그때마다 늘 맞서 싸울 힘이 있는 것은 아니다.

체계는 당신이 목표에 도달하고 성공하기 위해 일을 꾸준히 능률적으로 하게 해주는 행동의 모음이다. 자제력 및 의지력과는 달리, 하나의 체계는 당신이 스스로를 가다듬어서 몰아붙일 필요 없이 의무를 다하게 도와준다. 자제력과 의지력은 스스로 뭔가를 하게 해주는 힘만을 제공할 뿐, 완수를 위해 일하는 방식이나 능률적인 행동이 무엇인지 알려주지 않는다.

체계는 습관적인 절차가 되기 때문에 해야 하는 일에 대해 생각할 필요가 없다. 체계의 핵심은, 목표를 완수하는 것과는 반대로, 일을 계속 진행시키며 꾸준히 이어간다는 데 있다.

네드의 사례로 다시 돌아가 그가 일을 나누고 각각에 필요한 시간을 할당하는 시간 관리 체계를 세웠다고 가정해보자. 그는 스트레스도 덜 받고, 정돈된 환경에서 혼란스럽지 않게 물 흐르듯 제시간에 일을 처리할 수 있었을 것이다. 몇 가지 간단한 체계를 일과에 적용했다면 결과가 더 좋았을지도 모른다.

하지만 네드는 지나치게 자신의 자제력에만 의존했다. 그토록 많은 일을 하도록 마냥 자신을 몰아붙일 수밖에 없었던 것이다. 그는 한계에 다다랐고, 탈진해서 실패의 길로 들어섰다.

목표는 체계에서 중요한 역할을 담당하지만, 어떤 관점에서 보면 목표와 체계는 대립적이다. 체계는 목표에 도달하기 위해 당신이 필요한 행동을 하도록 보장해주는 수단일 뿐이다. 목표처럼 한 번에 하나로 제한되지 않고, 노력이 필요한 모든 일에 적용된다. 하나의 목표를 끝내면 당신의 체계를 따라 다음 목표로 간단히 이동할 수 있다. 체계는 당신이 세운 목표 하나하나를 전부 달성할 수 있도록 이끌 것이다.

또 체계는 어떤 목표에 도달하지 못해도 실패가 되지 않도록 당신을 지켜준다. 당신의 목표가 1,000단어 분량의 연구 지원서를 완성하는 일이라고 해보자. 일을 마치는 데 도움이 되는 체계를 사용했지만 1,000자를 채우지는 못했다. 그래도 어느 정도 글을 완성했으니 결과를 충분히 받아들일 수 있다.

체계는 당신이 목표를 아주 정확하게 달성하지는 못해도 지금보다 나은 상황으로 만들어준다. 잘 갖춰진 체계를 따른다면 하루하루는 최종 목표에 점점 더 가까워지는 기회가 된다.

네드는 새로운 잠재 고객을 찾고 프로젝트를 끝내는 등, 매일 일련의 목표를 달성하는 데 집중했다. 다만 그에게는 목표를 위해 구체적인 시간에 적절한 행동을 하도록 강제하는 체계 같은 것이 없었다. 그가 만약 체계를 세워 일을 구조화했다면 혼돈 속에서 일하면서도 자신을 지치게 하지 않고 제때 목표를 달성할 수 있었을 것이다. 그래서 새로운 고객을 창출하는 동시에 기존 고객을 만족시키면서 사업은 번창했을 것이다.

체계를 만드는 일은 종합적 목표를 고려하는 것으로 시작한다. 그런 다음, 그 목표에 도달하게 해주는 발판을 만들 수 있다.

점수를 기록하라

체계의 첫 번째 방식은 자신의 득점 상황을 기록하는 것이다. 여기서 핵심은 뭔가를 얻을 가능성이 있다고 느끼면 동기부여가 훨씬 더 잘 된다는 점이다. 따라서 프로젝트에 계속 관심을 유지하도록 일종의 득점 상황을 반드시 눈으로 확인해야 한다. 그러면 계속 점수를 기록하고 싶어진다.

사람들은 이기거나 지는 상황을 인식할 때 최선을 다한다. 따라서 얼마큼 진행되고 있고 이기고 있는지 확실히 보여줘야 한다. 점수를 기록하지 않는다면 그냥 연습이나 다름없다. 그러니 오늘부터 점수를 기록하고 자신과 타인에게 자연스럽게 동기를 부여하라.

여기 점수를 기록하는 몇 가지 방식이 있다.

우선, 진행 과정을 기록하라.

어떤 일을 마칠 때마다 목록에 표시하라. 완료했다는 표시를 보면 실제로 뭔가를 마쳤다는 느낌이 든다. 벽에 걸린 화이트보드에 해야 할 일 목록을 크게 붙여놓으면 도움이 될 수 있다.

이런 방식이 동기부여가 잘 되는 이유는 자신이 해내고 있다는 사실을 눈으로 직접 볼 수 있기 때문이다. 또한 자신이 완성한 것을 보면서 정한 목표를 실현할 가능성이 점점 커진다는 사실을 깨닫게 된다.

이 체계에서 또 하나 중요한 요소는 승리를 확인할 때마다 자기 자신을 비롯해 함께 일하는 동료들과 그 승리를 자축하는 것이다.

그런 승리는 작을수록 더 좋은데, 자신과 동료를 동기부여하는 기회가 될 뿐만 아니라, 결과적으로 당신을 기분 좋게 해주며 당신이 동력으로 삼을 수 있는 승리의 전체 횟수가 늘어나기 때문이다.

새로운 고객이 하나 늘었다거나 직면한 어려움을 피할 방법을 찾았다거나 하는 것처럼, 작은 승리 하나도 놓치지 마라. 이런 효과를 높이기 위해 선의의 경쟁을 하라. 상대가 과거의 자신이라도 말이다.

마지막으로 프로젝트를 마칠 때마다 항상 자신에게 보상하고 격려하라.

세웠던 목표를 달성했다면 자신에게 선물을 줘라. 목표에 도달했을 때 받을 일종의 보상을 정해두면 기대하는 마음이 생겨서 포기하고 싶을 때 자신을 밀어붙이게 된다. 정한 대로 목표를 달성하고 하루 종일 온천을 즐긴다거나, 같이 일한 팀원들을 위해 한턱낼 수도 있을 것이다.

이런 체계를 업무 활동에 적용하는 방법은 달성 목표를 목록으로 만드는 것이다. 그리고 항목을 하나씩 지울 때마다 작게 자축하라. 팀원들과 다 같이 피자를 시켜 먹는 것처럼 말이다. 궁극적으로는 보너스나 일일 숙박권 같은 장려책을 잊으면 안 된다. 판매 실적을 올릴 때마다 기념하고, 축하하라. 하루하루를 득점 게시판에 점수를 올릴 기회로 생각하라.

습관적 절차를 만들어라

누구나 성공하려면 체계적인 시간 관리가 필수다. 어떻게 시간을 분배하고 과제마다 얼마만큼씩 시간을 할당해야 하는지 알면 제시간에 목표를 완수하는 데 도움이 된다.

시간 관리가 정말 중요한 이유는 실제로 마감시간까지 일을 끝낼 수 있게 해주기 때문이다. 시간 관리 자체가 과제를 완수하는 동기부여가 되는 것이다! 일단 전부 다 마칠 때까지 대략 얼마나 시간이 걸리는지 알면 현실적으로 기대할 수 있다.

시간 관리를 잘하려면 일에 대한 루틴routine, 즉

습관적 절차

를 먼저 세워야 한다. 루틴은 당신이 언제 무엇을 해야 하는지 알 수 있게 해주는 일종의 체계다. (당신이 9시에는 업무를

시작해야 한다고 아는 것이 하나의 예가 될 수 있다.)

루틴을 정할 때는 언제까지, 얼마만큼의 시간을 들여야 하는지 생각해야 한다. 일하는 시간, 식사하는 시간, 잠자는 시간뿐만 아니라 업무와 관련된 약속과 책무를 위한 시간을 반드시 따로 확보하라.

자신을 돌보는 일도 소홀해서는 안 된다. 그렇지 않으면 한계가 찾아오고 스트레스를 받아 일을 제대로 처리하지 못하게 된다. 그러니 자신의 건강도 신경 쓰면서 잘 자고 잘 먹어야 한다.

하나의 프로젝트에 얼마만큼의 시간이 필요한지도 늘 평가하라.

자신에게 물어보라. '그 일을 하는 데 얼마나 걸리지?'

당신이 평소의 편안한 속도로 일할 때 얼마나 걸리는지 시간을 재면 얼마만큼의 시간이 필요한지 더 제대로 이해할 수 있다.

시간 관리가 체계적으로 잘 되고 있다면 정신없거나 스트레스받는 기분이 들지 않는다. 따라서 반드시 스트레스받지 않는 속도로 일하는 데 걸리는 시간을 재고, 예기치 못한 일 때문에 시간이 더 걸릴 때를 대비한 여유시간도 확보하라.

하루를 시작할 때 그날 처리해야 할 과제를 파악하라. 일하러 갈 때나 일어났을 때 계획표를 훑어보고 그날을 위해 계획한 것들을 확인하라. 이렇게 하면 확실히 제시간에 목표를 달성하는 데 도움이 된다. 업무와 관련된 이메일에 답을 하거나 행사 또는 전략 회의에 필요한 시간뿐만 아니라 중요한 약속에 걸리는 시간도 미리 할당해야 한다.

일할 때는 방해 요소를 최소화하라. 한 번에 하나씩 집중하라. 멀티태스킹을 하고 딴 데 정신을 팔면 생산성이 극단적으로 떨어질 수 있다. 예컨대 하루 중 아무 때나 이메일 수신함을 확인하느라 산만해지지 말고 구체적인 시간을 정해라. 마케팅에 집중할지 네트워킹에 집중할지도 시간을 정해야 한다.

거래비용을
낮춰라

●

경제학에서 거래비용은 시장 진입을 위해 반드시 지출해야 하는 비용을 일컫는다. 당신이 뭔가를 할 때마다 일종의 비용이 발생한다. 그 비용은 창업을 위한 투자처럼 실제 금전적인 것일 수도 있고, 성패를 확신할 수 없는 상황에서 새로운 사업을 시작할 때 느끼는 불안처럼 감정적인 것일 수도 있다. 신체기술과 노동력이 필요할 때는 물리적인 성격을 띨 수도 있다. 이런 것들은 실행에 드는 단순 비용이거나 극복해야 하는 장애물이다.

자신의 이익을 위해 치러야 하는 이런 비용을 조절하기 위한 체계를 구축하라. 당신에게 부담이 되는 비용을 줄이고, 쉽고 편한 방식으로 이익을 얻어라. 미루는 습관처럼 자신에게 비생산적인 행위를 더 어렵게 만들어라. 그런 행동을 할 때 많은 비용이 들게 만들면 된다.

반대로, 당신에게 바람직한 일을 더 안정적으로 하기 위해서는 거래비용을 낮춰라. 체계적으로 일하고 시간 관리 같은 좋은 습관을 강화하고 싶다면 '비용'이 덜 들도록 하기 쉽게 만들어라. 볼품없는 체계, 형편없는 시간 관리, 미루기 등과 같은 나쁜 습관을 고치기 위해서는 반대로 하면 된다.

예를 들어, 책상을 정리해두면(체계 구축) 필요한 물건을 찾을 때 스트레스를 덜 받고 시간도 덜 든다(거래비용 감소). 시간과 돈을 너무 많이 쓰지 않으면서 사무실을 정돈하는 쉬운 방법을 생각해보면 간단한 색깔 분류 체계를 사용하고, 주위에서 쉽게 구할 수 있는 상자에 깔끔하게 이름표를 만들어 붙여 서류를 정리할 수 있다. 이렇게 하면 비용은 거의 들지 않지만 일할 때 번잡스러움이 줄어든다. 정리 정돈을 더 쉽게 할 수 있는 방법을 찾아라.

체계적인 행동이 비용을 얼마나 더 쉽게 줄이는지, 그리고 그런 좋은 습관이 목표 달성을 얼마나 더 쉽게 만드는지 주목하라. 엉망진창에 대한 징벌세를 아낌으로써 간단히 비용을 줄인다. (게다가 정돈하는 데 돈이나 노력도 거의 들지 않는다!)

바람직하지 못한 행동을 할 때 아주 많은 비용이 들게 만들어라. 안 좋은 행동을 할 때는 비용이 많이 든다는 인식을 갖도록 자신을 길들여라. 예를 들어, 담배를 피운다거나 초콜릿 먹기, 휴대전화 확인하기 등과 같은 행동을 하기 위해서는 5단의 계단을 올라야 한다는 규칙을 만들어서 비생산적인 행위의 비용을 높이는 것이다.

거래비용을 조정하는 일반적인 방법을 살펴보자. 무엇보다 좋은 행위에는 비용이 전혀 들지 않게 만들어야 한다. 좋은 행위에 대한 보상은 반드시 지출비용보다 높아야 한다. 이렇게 해야만 긍정적인 변화를 위해 스스로 동기부여될 수 있다. 앞서 예로 든 것처럼, 책상을 정리하는 데 드는 비용은 덜 쓰면서 정돈을 더 쉽게 만들면 물건을 찾는 일이 아주 간편해져서 일할 때 스트레스를 줄일 수 있다.

나쁜 습관은 비용이 많이 들게 만들어라. 얻는 것보다 잃는 것이 더 많으면 나쁜 습관을 들이고 싶지 않을 것이다. 일하지 않으면서 보내는 시간에 금전적 손해를 보게 만들어서 비생산성을 줄이는 것이 좋은 예다.

네드가 어떻게 해야 거래비용을 줄일 수 있었을지 생각

해보자. 사업을 하며 홀로 감당해야 했던 업무량이 너무 버거 웠기 때문에 네드에게 금세 한계가 찾아왔고, 그때부터는 제 대로 일을 처리할 수 없었다. 업무를 쉽게 만들고 무질서해지 는 것을 어렵게 만들었다면 그의 삶과 일은 훨씬 더 능률적이 었을 것이다. 나쁜 습관(하루 12시간의 업무)을 아주 비싸게 만 들고 좋은 습관(정리 정돈)에는 사실상 거의 노력이 들지 않게 만들었어야 했다.

먼저
모든 정보를 모아라

여기서는 심지어 프로젝트를 시작하기도 전에 프로젝트에 필요한 모든 정보를 모아야 한다는 점이 핵심이다.

프로젝트에 중요한 정보를 찾고, 조사 과정을 한 번에 끝내려고 노력하라. 이런 방식은 프로젝트에 한창 몰두하다 말고 자원을 모으느라 애쓰는 시간을 아껴준다. 당신은 자원과 정보를 모으는 대신 프로젝트에만 집중할 수 있다. 이렇게 하면 동력을 멈추게 하는 장애물이 사라진다.

당신은 동력을 이용해 앞으로 나아갈 수 있기 때문에 그 과정에서 프로젝트를 더 쉽게 진행할 수 있다. 필요한 정보나 자원을 찾기 위해 일을 중단하면 동력이 사라질 수 있다. 멈추지 않고 일할 때, 동력은 완료된 목표 위에 다음 목표를 쌓아서 다음 목표를 더 쉽게 완료할 수 있게 한다.

예를 들어, 어떤 프로젝트는 특정 기술을 가진 팀원들이나 파트너가 한 명 필요할 수 있다. 기본적인 물자나 특정 소프트웨어가 필요할 수도 있다. (펜이나 종이 같은 사무용품은 기본으로 챙겨야 한다!)

일을 시작하기 전에 필요한 모든 자원을 모으고 준비하라. 또, 바쁜 순간에 정보를 찾을 필요가 없도록 일을 시작하기 전에 다른 직원의 연락처와 마감일, 앞으로 필요하게 될 모든 정보의 목록을 만들어라. 마치 장 본 물건들을 차에서 집으로 한 번에 운반하는 것과 같다고 생각하면 이해하기 쉽다.

케리 패터슨은 자신의 책 《결정적 순간의 대화》에서 어떤 프로젝트든지 착수하기 전 반드시 수집하거나 평가해야 하는 몇 가지 정보를 제안했다.

책임을 할당하라

누가 어떤 일에 책임이 있는지를 물어라. 마쳐야 하는 과제마다 책임자를 정해라. 책임을 명확히 하기 위해서 꼭 필요한 일이다. 당신에게는 리더, 예산 담당, 마케팅 담당, 인사 담당 등등이 필요하다. 프로젝트의 각 측면에 맞는 적임자를 찾아라. 만약 당신이 혼자 일하기 때문에 모든 일을 스스로 해야 한다면 업무를 역할에 따라 분리하고 각각을 다른 시간에 처리해서 반드시 완료할 수 있게 하라.

원하는 결과와 기대를 구체화하라

달성하고 싶은 목표와 하려는 일을 아주 구체적으로 만들어야 한다. 목표하는 결과가 있으면 뭘 해야 하고 어떻게 해야 하는지 분명하게 만들어서 성공하도록 이끌 수 있다. 얼마나 일할지, 얼마나 많은 제품을 팔고 싶은지, 얼마나 많은 돈을 벌고 싶은지, 그리고 언제까지 목표를 달성하고 싶은지 구체화하라. 일을 진행해 나가며 도달할 수 있는 동시에 동기부여가 되는 분명한 목표를 세워라. 예를 들면, 기존의 판매 기록을 보면서 이렇게 말할 수 있다. "지난달에 1,000개를 팔았군. 좋아, 이번 달엔 1,200개를 팔아보자!"

마감 기한을 정하라

어쩌면 당신 상사나 고객이 마감을 정할 수도 있다. 그렇지 않은 경우라면 스스로 정해라. 프로젝트를 반드시 끝내야 하는 구체적인 날짜만큼 당신에게 동기부여가 되는 것은 없다. 마감 기한은 어떻게 시간을 구조화하고 언제 이정표에 도달할지 명확한 지침을 준다.

마감 기한은 반드시 현실적으로 세워야 한다. 지키지 못할 터무니없는 약속을 하지 마라. 기한을 지키려면 충분히 여유가 있어야 한다. 따라서 시간을 잡아먹을 수 있는 잠재적인 장애물과 어려움을 고려해야 한다.

후속 조치를 마련하라

당신은 현재 목표가 마지막이라고 생각하지 않을 것이다. 그 목표에 도달한 뒤에도 삶은 계속되니까. '프로젝트가 끝나면 어떻게 될까?' '다음엔 무슨 일을 할까?' 하나의 프로젝트를 마치고 나면 다음 단계와 앞으로의 목표를 계획하라. 그러면 앞일을 더 기대하게 되고 동기부여가 될 수 있다.

물리적 자원을 모아라

돈, 사람, 소프트웨어, 사무실 집기, 비품처럼 어떤 일을 끝내려면 여러 가지가 필요하다. 당신한테 필요한 것이 무엇인지 파악하고 전부 마련하라.

장애물을 식별하라

장애물을 미리 파악하면 그 어려움을 완화하는 방법을 결정하는 데 도움이 된다. 사람들이 아이디어를 발전시킬 때는 의욕이 엄청나다. 오로지 긍정적인 앞날만을 생각하며 서두르게 된다. 그러나 예상치 못한 장애물을 만나면 그 열정은 사라지고 무력감이 자리 잡는다.

만약 관련된 사람들이 모두 이런 장애를 예상하고 팀으로서 극복해야 할 문제로 생각한다면 사기가 크게 떨어지지 않을 것이다. 당신이 나아가는 길에 장애물이 뭔지 모르겠다면 더 많이 고민해서 잠재적 함정을 파악해야 한다.

가엾은 네드의 사례로 돌아가보자.

그가 처음에 자원을 잘 조직하고 정보를 모았다면 일이 얼마나 쉬워졌을지 상상해보라. 먼저 그는 책상을 정리하고 필요할 때 찾기 쉬운 곳에 메모를 해두었어야 했다.

다음으로 이메일과 뉴스레터, 견적서, 청구서 등을 자동적으로 처리해서 혼자 감당하는 업무 부담을 줄일 수 있는 소프트웨어 프로그램을 찾아봤어야 했다.

마지막으로, 앞으로 해야 할 일의 규모를 예상해서 시간을 더 잘 관리하고 업무 부담을 더 효율적으로 처리했어야 했다. 마감 기한을 세워 반드시 지켰어야 했다.

그가 떠안게 될 일이 얼마나 되는지 추정해서 계산했다면 일부 책임을 나눠질 수 있는 누군가를 고용하는 것도 고려해볼 수 있었을 것이다. 이에 더해, 엄청난 업무 부담과 같은 어려움을 예상하고 준비했어야 했다. 그러면 조금 앞서 어려움을 완화할 수 있었을 것이다.

이 모든 자원이 미리 준비됐다면 네드가 사업을 시작하고 해야 했던 많은 일을 줄일 수 있었을 것이다.

매일의 체계는 일을 원활하게 해주고, 살면서 쓸데없이 의지력을 발휘하는 상황을 줄여준다. 매일의 체계는 행동을 조직적으로 하게 해주어 발전을 촉진한다. 효율적으로 움직이고 발전하는 체계를 사용함으로써 인생에서 실패를 피할 수 있다.

네드처럼 되지 말 것.
매일의 체계를 사용해 성공으로 나아가라.

● 체계는 매일 하는 행동의 모음이다. 이보다 더 복잡하게 생각할 것 없다. 목표는 성취하는 것 중 하나지만, 체계는 일관성과 장기간의 성공을 강조하기 때문에 체계와 목표는 극명한 대조를 보인다.

● 크고 작은 모든 일에 꾸준히 점수를 기록하라. 그러면 계속 동기부여가 되어 성장과 발전을 위해 스스로 노력할 것이다.

● 실제로 일에 걸리는 시간을 파악하고 뜻밖의 일과 비효율적인 상황도 고려하라.

● 바람직하지 못한 행동은 불편하고 힘들게, 바람직한 행동은 편하고 쉽게 만들어서 거래비용을 낮춰라.

● 일을 시작하기 전 필요한 모든 정보와 물질적 자원을 한 번에 모아라. 그러면 중간에 방해 없이 동력을 모을 수 있게 된다.

요약 노트

FINISH
WHAT YOU START

1장
그만 생각하고 일단 실행하라

● 완수는 현재 안주하고 사는 삶 대신 당신이 진짜로 원하는 삶을 창조하게 해준다.

● 완수는 집중력, 자제력, 실천력, 끈기, 이렇게 네 부분으로 구성되어 있으며, 모두 하나같이 중요하다.

● 그러나 실제로 행하는 것은 그렇게 해야 하는 것을 아는 것만큼 쉽지 않다. 우리가 툭하면 시작한 것을 마무리 짓거나 완수하지 못하는 데는 강력한 이유들이 있다. 이런 이유들은 크게 제약이 있는 전략과 심리적 방해물로 나눌 수 있다.

● 제약이 있는 전략이란 무의식중에 자신에게 도움이 되지 않는 계획을 세우는 것을 말한다. 여기에는 ① 적절하지 않은 목표 세우기 ② 미루기 ③ 유혹과 방해에 굴복하기 ④ 형편없는 시간 관리가 포함된다.

● 심리적인 방해물은 우리가 무의식적인 자기보호 본능 때문에 완수하지 않는 방식을 말한다. 여기에는 ① 게으름과 자제력의 부족 ② 판단, 거절, 실패에 대한 두려움 ③ 불안에서 비롯된 완벽주의 ④ 자기인식의 부족이 포함된다.

2장
목표를 계속 갈망하라

● 어떻게 하면 목표를 계속 갈망하고 동기를 부여받을 수 있을까? 당신이 마음껏 활용할 수 있는 내적 동기 요인과 외적 동기 요인이 무엇인지 곰곰이 체크하고 스스로 질문을 던지는 과정이 필요하다.

● 외적 동기 요인은 우리를 행동하도록 밀어붙이는 다른 사람과 장소, 상황과 관련이 있다. 외적 동기 요인 대부분은 우리가 다른 사람, 장소, 상황과 관련해서 부정적인 결과를 피하고 싶을 때 작동한다. 외적 동기 요인에는 책임 파트너와 책임 그룹, 판돈, 스스로 주는 뇌물 등이 포함된다.

● 내적 동기 요인은 우리가 삶을 유익하게 발전시키는 방법을 깊이 고민할 때 작동한다. 이것들은 놓치기 쉬운 보편적 욕구와 충동, 그리고 바람이다. 이를 쉽게 발견하는 방법은 '어떻게 하면 유익하고 향상된 인생을 살 수 있을까?' 같은 직접적인 질문을 던지고 답을 하는 것이다. 이런 질문에 답할 수 있을 때 당신

이 소홀히 하는 게 무엇인지 깨달을 수 있다.

● 우리가 달성하려는 것이 무엇이든 기회비용이 든다. 소파에 누워 텔레비전을 보는 시간이라도 희생해야 한다. 비용을 최소화하거나 편익을 극대화할 수 있도록 비용 편익 분석을 활용하여 정신적 걸림돌을 해결할 수 있다.

● 동기부여는 우리가 그것을 상기할 때 가장 잘 작동한다. 눈에서 멀어지면 마음에서 멀어지는 법이니까! 따라서 여기저기 동기부여가 되는 단서를 둬야 한다. 단, 계속 눈에 띄고 기억에 남도록 미각을 포함해 오감을 모두 사용하고, 익숙해져서 잊지 않도록 주기적으로 변화를 주고 바꿔라.

3장
선언문 작성법

- 선언문이란 매일 따르는 규칙의 모음을 말한다. 규칙이 싫을 수도 있다. 하지만 규칙은 불확실한 짐작 대신 따를 수 있는 지침을 제공한다. 규칙은 선택의 여지를 남기지 않기 때문에 옳고 그름을 분명하게 만들어 완수에 도움을 준다.

- **첫 번째 규칙:** 게으름을 피우고 있는가? 그렇다면 스스로 게으름뱅이라 규정하고 싶은가?

- **두 번째 규칙:** 하루에 해야 할 중요한 과제는 최대 3개다. 중요한 일과 급한 일, 단순히 쓸데없는 행동들을 구분하라.

- **세 번째 규칙:** 자신을 위한 한계와 요건을 정하라. 이것들이 해야 할 일의 경계를 벗어나지 않게 해줄 것이다. 좋은 습관도 기를 수 있다.

- **네 번째 규칙:** 가끔 우리는 무엇을 달성하고 싶었는지 잊어버린

다. 따라서 "내가 원하는 것", "내가 하려는 것", "내가 해서는 안 되는 것"이 무엇인지 되뇌며 의도를 재확인하라.

● **다섯 번째 규칙:** 10분, 10시간, 10일의 미래를 동시에 내다보려고 노력하라. 완수하지 않을 때 벌어질 일을 알고 싶은가? 미래의 자신을 희생해 현재의 자신을 만족시킬 만한 가치가 있는가? 아닐 것이다.

● **여섯 번째 규칙:** 겨우 10분이다. 그만두고 싶다면, 딱 10분만 더 해보라. 하고 싶은 걸 참아야 한다면, 그것도 딱 10분만 기다려보라.

4장
완수를 위한 마인드셋

- 완수는 100퍼센트 정신의 문제다. 그러니까 체화하려는 마인드 셋을 언급할 필요가 있다.

- **마인드셋1:** 그것은 보람 있는 일이다. 열심히 노력해 어딘가 도 달할 수 있다고 느낀다면, 당신은 다른 사람들과 마찬가지로 자 격이 있다. 또한 지금 하는 일이 전반적으로 목표에 영향을 준 다고 느낀다면 유지하기가 더 쉽다.

- **마인드셋2:** 불편함을 편하게 받아들여라. (혼자 하루 종일 텔레비 전이나 보고 싶은 게 아니라면) 바라는 모든 일에는 불편한 요소가 있다. 따라서 당신이 두려움 없이 달려들 수 있도록 불편함에 익숙해져라.

- **마인드셋3:** 완수 없이 배움도 없다. 무언가를 끝냈을 때에야 비 로소 자신을 평가하고 오류를 바로잡을 수 있다. 정보 수집 마 인드셋을 체화하라.

● **마인드셋4:** 스트레스와 불안의 해로움은 아무리 강조해도 지나치지 않다. 기분이 안 좋다는 것만으로도 생산성이 떨어지고 완수에 악영향을 미친다. 의식적으로 스트레스 수준을 관리하라.

5장
미루기 끝내기의 과학

- 미루기를 해결하는 방식은 시시포스가 돌을 굴려 올리는 모습과 비슷하다. 잠시 해결된 듯하지만, 매우 자연스러운 습성이라 완전히 없앨 수는 없다. 거기에는 전형적으로 시간 비일관성이라는 요소가 있으며, 이를 해결하려면 미래의 만족을 원하는 자아와 지금 당장의 만족을 원하는 자아, 이렇게 욕구가 겹치지 않는 두 자아를 절충해야 한다.

- 유혹 묶기는 미루는 습관을 끊어내는 효과적인 방법으로, 유쾌하지 않은 과제를 유쾌한 무언가와 묶는 것이다. 이것은 당신이 주로 시간 비일관성을 다루면서 두 자아를 동시에 만족시키는 방식으로 작동한다.

- 쉽고 작게 시작하라. 미루는 속성은 관성에서 빠르게 자란다. 따라서 일의 과정을 가급적 쉬운 움직임과 활동으로 만들어야 한다. 그러면 결국 관성의 반대인 추진력을 얻게 된다.

● 가끔은 미루려는 생각을 끝내기 위해 정신이 번쩍 드는 자극이 필요할 때가 있다. 두려움과 생산적인 편집증은 당신에게 그런 자극이 될 수 있다. 당신이 치러야 하는 부정적인 대가가 너무 두려우면 분명 행동에 박차를 가할 것이다. 그러나 이 방법은 지나치게 자주 쓰면 안 된다.

6장
자제력 테스트

● 주위의 방해 요소를 최소화하라. 방해거리가 눈에서 멀어지면 마음에서도 멀어진다고 밝혀졌다. 그러니 작업하는 근처에 자극적인 것을 두지 말 것. 그렇지 않으면 의지력이 서서히 고갈될 것이다.

● 어디서든 할 수 있는 디폴트 액션을 만들어라. 당신은 디폴트 액션을 통해 '가장 원하는' 방향으로 '가장 쉽고 저항 없이' 갈 수 있다. 생산성을 위한 환경을 선별하고 설계하는 것 역시 도움이 된다.

● 싱글태스킹이 핵심이다. 멀티태스킹은 분명한 결점을 가지고 있다. 당신이 과제를 전환할 때 주의력 잔류물이 생기는데, 이로 인해 새로운 과제에 적응할 때마다 어느 정도 시간이 필요하다. 이미 익숙한 일을 한다고 해도 마찬가지다. 이런 현상은 싱글태스킹과 배칭을 통해 없앨 수 있다. 배칭은 정신을 효율적으로 이용하기 위해 비슷한 종류의 일을 함께 처리하는 것이다.

● 하지 말아야 할 일 목록은 해야 할 일 목록만큼 강력한 힘을 발휘한다. 우리는 무시해야 할 것은 거의 듣지 못하는데, 결과적으로 이런 방해 요인들이나 야금야금 시간을 좀먹는 것들은 우리가 눈치채지 못하는 사이 우리 공간을 침범한다. 하지 말아야 할 일 목록에 진행할 수 없는 일, 발전시킬 수 없는 일, 또는 도움이 되지 않는 일을 포함하라.

● 40-70 법칙은 당신을 행동하게 만드는 정보의 범위를 말한다. 40퍼센트가 안 되는 정보를 가지고 있다면 행동하지 마라. 70퍼센트를 가지고 있다면 행동해야 한다. 100퍼센트에는 결코 도달할 수 없기도 하고, 70퍼센트면 행동하기에 충분하다. 어쨌든 나머지는 차차 배우게 될 것이다.

● 마지막으로, 가끔 아무것도 하고 싶지 않을 때가 있을 것이다. 이럴 때는 긴장을 풀고 휴식을 취해야 하는데, 이를 정신적 회복으로 생각해야 한다. 운동선수가 시합이나 경기들 사이에 어떻게 지내겠는가? 그렇다. 필요한 순간에 최고의 기량을 보여줄 수 있도록 회복의 시간을 갖는다.

7장
치명적인 함정

- 일을 시작하고 완수하는 과정에서 빠질 수 있는 함정에는 어떤 게 있을까? 일일이 열거하기에 너무 많지만, 이 장에서 선별한 몇 가지는 그중 가장 조심해야 할 것들이다.

- 헛된 희망 증후군은 자신이 비현실적인 수준으로 바뀌거나 향상할 수 있다고 기대할 때 나타난다. 부득이하게 그런 수준에 이르지 못하면 시작 전보다 동기와 자제력이 매우 떨어지는 반작용을 경험한다. 이를 극복하기 위해서는 과거 경험을 바탕으로 현실적인 기대를 해야 하며, 목표와 기대가 다르다는 사실을 이해해야 한다.

- 과도한 생각은 교활하다. 실제로 행동하고 있고 심지어 생산적이라는 느낌을 주기 때문이다. 생각을 너무 많이 하면 발이 묶여 행동을 위한 첫발을 내디딜 수 없다. 중요한 세부 사항에 초점을 맞추고 다른 모든 것은 의도적으로 무시하라. 그러면 훨씬 명료하게 느낄 것이다.

● 걱정은 뭔가에 집착하며 불가피하게 부정적인 시나리오와 함정에 대해 생각하는 것이다. 우리는 통제할 수 없는 것에 집착하는 반면, 통제할 수 있는 현재는 무시한다. 여기에 대한 해법은 오로지 현재에 집중하고 지금 할 수 있는 일을 하는 것이다.

● 당신은 자기 자신을 아는가? 언제 가장 생산적이고 어떻게 일할 때 가장 잘하는지 알고 있는가? 하루 중 언제, 어떤 환경과 상황에서 일을 가장 잘하는지 곰곰이 생각해보라. 자신을 아는 것은 자신을 관찰하면서 실패하거나 기대에 못 미친 이유를 이해하는 능력이기도 하다는 사실을 알아야 한다. 자기를 진단하고 의식하는 능력 말이다.

8장
성공을 위한 매일의 체계

- 체계는 매일 하는 행동의 모음이다. 이보다 더 복잡하게 생각할 것 없다. 목표는 성취하는 것 중 하나지만, 체계는 일관성과 장기간의 성공을 강조하기 때문에 체계와 목표는 극명한 대조를 보인다.

- 크고 작은 모든 일에 꾸준히 점수를 기록하라. 그러면 계속 동기부여가 되어 성장과 발전을 위해 스스로 노력할 것이다.

- 실제로 일에 걸리는 시간을 파악하고 뜻밖의 일과 비효율적인 상황도 고려하라.

- 바람직하지 못한 행동은 불편하고 힘들게, 바람직한 행동은 편하고 쉽게 만들어서 거래비용을 낮춰라.

- 일을 시작하기 전 필요한 모든 정보와 물질적 자원을 한 번에 모아라. 그러면 중간에 방해 없이 동력을 모을 수 있게 된다.

쓰기 노트

‖‖

FINISH
WHAT YOU START

〈유혹 묶기〉

●

유혹 묶기: 하기 싫지만 해야 하는 일과 즉각적인 보상이 가능한 일을 묶어 일을 완수하게 만드는 방식이다. 미루는 습관을 끊어내고 싶다면 자신만의 유혹 묶기 표를 완성해보자. 해야 할 일과 보상을 자신의 상황에 맞게 잘 엮는 것이 중요하다.

해야 할 일	보상	유혹 묶기
예시) 업무	초콜릿	기획안 작성 후엔 초콜릿 한 조각 먹기
	서핑	프로젝트가 끝날 때마다 반드시 서핑 가기
	.	
	.	

해야 할 일	보상	유혹 묶기

《하지 말아야 할 일》

●

무언가를 완수하기 위해서는 해야 할 일 만큼이나 하지 말아야 할 일을 파악하고 있는 것이 중요하다. 현재의 목표를 완수하기 위해 자신이 하지 말아야 할 일은 무엇인지 목록을 만들어보자.

	목표	하지 말아야 할 일
1	예시) 재무제표 작성 완료	소셜 미디어 탐색
		불필요한 인터넷 서칭
		리얼리티 프로그램 보면서 일하기
2		
3		
4		

	목표	하지 말아야 할 일
5		
6		
7		
8		
9		
10		

누구에게나 계획은 있다

《거래비용* 조정하기》

바람직한 일을 더 안정적으로 하기 위해서는 거래비용을 낮추고, 바람직하지 못한 방식에는 거래비용을 높여야 한다. 자신만의 거래비용 조정 방법을 만들어보자.

목표	거래비용 조정 방식	구체적인 실천 방법
예시 1) 책상 정리 (바람직한 행동)	거래 비용을 낮춰야 함	색깔 분류 체계, 상자와 이름표 이용하기
예시 2) 초콜릿 먹기 (바람직하지 못한 행동)	거래 비용을 높여야 함	초콜릿을 먹기 전에는 무조건 계단 5개 오르기

* 거래비용: 시장 진입을 위해 반드시 지출해야 하는 비용

목표	거래비용 조정 방식	구체적인 실천 방법